民航服务专业新形态系列教材

民航客舱防卫与控制

翟东波 主 编
何杏娜 陈小暾 副主编

清华大学出版社
北京

内 容 简 介

本书从民航客舱安全的角度出发,针对当前航空器内出现的各类暴力事件进行系统分析和研究,找出在客舱狭小空间防卫与控制暴力行为的特征,结合法律法规,遵循技能形成的原则与规律,将防卫与控制知识、技能划分为徒手格斗技术、徒手防卫控制技术、执勤器械应用和实战运用等6个模块、21个教学项目、49个教学任务。

本书主要面向民航安全保卫专业、空中乘务专业师生,也可供安保行业企业和社会学习者学习和参考。

本书封面贴有清华大学出版社防伪标签,无标签者不得销售。
版权所有,侵权必究。举报: 010-62782989,beiqinquan@tup.tsinghua.edu.cn。

图书在版编目(CIP)数据

民航客舱防卫与控制/翟东波主编. —北京:清华大学出版社,2021.8(2024.1重印)
民航服务专业新形态系列教材
ISBN 978-7-302-58170-3

Ⅰ. ①民… Ⅱ. ①翟… Ⅲ. ①民用航空－旅客运输－客舱－保卫工作－教材 Ⅳ. ①F560.6 ②D631.3

中国版本图书馆CIP数据核字(2021)第091868号

责任编辑:刘翰鹏
封面设计:刘艳芝
责任校对:袁　芳
责任印制:丛怀宇

出版发行:清华大学出版社
　　网　　址:https://www.tup.com.cn, https://www.wqxuetang.com
　　地　　址:北京清华大学学研大厦A座　　邮　　编:100084
　　社 总 机:010-83470000　　邮　　购:010-62786544
　　投稿与读者服务:010-62776969,c-service@tup.tsinghua.edu.cn
　　质量反馈:010-62772015,zhiliang@tup.tsinghua.edu.cn
　　课件下载:https://www.tup.com.cn,010-83470410
印 装 者:涿州市般润文化传播有限公司
经　　销:全国新华书店
开　　本:185mm×260mm　　印　张:10.75　　字　数:268千字
版　　次:2021年8月第1版　　印　次:2024年1月第2次印刷
定　　价:49.00元

产品编号:083196-01

前言
PREFACE

众所周知,民航领域一直是高风险的领域,安全是民航赖以生存和发展的重要基础,而客舱安全作为飞行安全的重要组成部分,直接影响民航整体安全水平。改革开放以来,中国民航在快速发展的同时,安全水平也大幅提升,尤其是近年来,中国民航的安全水平已经明显高于世界同期平均水平,运输航空百万小时重大事故率10年滚动值已从新中国成立初期的27.05降到0.012,优于美国、欧盟等航空发达经济体。

但是与飞行安全相比较,客舱安全所取得的成效与民航快速发展的势头、与航空安全稳步提升的态势、与乘机旅客对客舱安全的期待和要求还不相适应。目前民航客舱安全形势发生了新变化,产生了新问题、新威胁。除去传统暴恐袭击、劫机、炸机等严重威胁仍持续存在外,扰乱行为、个人极端行为以及针对航空运输出现的新型犯罪方式层出不穷。航空安全员作为维护客舱安全的"第一人",其防卫技能的高低、防卫理念的优劣直接决定着航空器内突发事件的处置效果与人员的人身及财产安全,对维护客舱秩序发挥着重要的作用。

民航客舱防卫与控制是以法律为依据,以防卫技能为手段,运用徒手及防卫执勤器械对民航客舱内的违法人员实施防卫与控制的技能,是以制止不法行为、控制不法分子为目的技能,是民航安全员必须掌握的职业核心技能。鉴于此,本书从民航客舱安全的角度出发,对当前航空器内出现的各类暴力事件进行系统分析和研究,找出客舱狭小空间控制暴力行为的特征,结合法律法规,编写了基础理论篇、徒手防卫与控制篇、执勤器械应用篇和实战运用篇,总共4篇、6个模块、21个教学项目、49个教学任务。本书具有以下特点。

一、系统性

本书内容的组织与安排遵循技能形成的原则与规律,将防卫知识、技能划分为基础理论、徒手防卫与控制、执勤器械应用和实战运用4篇。技能由简单到复杂、由单一到组合,按照能力递进的方式,循序渐进地培养民航安全员及其机组人员的客舱防卫知识和技能。同时,加入了防卫技能的基础理论知识以及教学与训练的知识和方法,提升了本书的全面性和实用性,使学习者可以通过理论结合实际、技术学习结合训练方法,有效提升学习效果。

二、职业性

本书系统地加入了与民航客舱安全相关的法律法规,体现了民航从业人员处置突发情况以法律为先的职业特性。同时,教材中的知识和技能均以航空安全员客舱内典型工作任务为导向,防卫技术以扰乱行为到非法干扰行为的处置需求为依据,以客舱环境为背景选取内容、遵循职业程序和方法。每一篇章均采用真实案例导入知识、技能点,提升学生对职业的认知能力。学习者能够获得职业浸透式的学习感受。

三、先进性

作为防卫类教材,本书首次采用项目和任务式的体例结构,明确了岗位任务,在体现职业特性的同时也凸显了教材的先进性和前沿性。本书除了提供与内容配套的图文外,还可以通过扫描二维码观看技术视频,提升了学习者自主学习的机会和能力。同时,教材中的知识和技能加入了执勤器械的应用以及团组配合技术,引领了该行业的技术革新,体现了先进性。根据时代需求,本书加入了思政内容,对于培养民航人忠于祖国、忠于职业、甘于奉献、勇敢无畏的精神发挥了作用。

本书的编写和出版得到了北京政法职业学院党委以及安防科技学院领导的高度重视和鼎力支持。为配合专业建设,学校全力支持我们开发建设了与之相配套的数字资源课程,并已在学堂在线平台同步上线运行,现已完成4期开放课程授课,选课总人数已超过2万人,共有来自60多所高校、中小学及军警企事业单位的学员学习,既体现了教授专业课的价值,也起到了一定的科普作用。在线开放课程与本书内容实现了理论与实践的有效衔接,线上与线下的混合互补,使课程安保领域覆盖面更广泛,职业化特色更突出。在同类院校安保防卫与控制课程中属首创,具有领先水平。

本书在编写过程中得到了浙江警官职业学院郑孙勇教授的亲临指导和技术支持,在此一并表示衷心的感谢!编写过程中借鉴和参考了诸多专家、学者的研究成果,鉴于本书主要用于航空安全员及空乘人员的教学训练,未能一一注明所有引用者的姓名和论著的具体出处,特此说明并致以诚挚的谢意!

本书各个模块的编写分工如下:模块1由何杏娜(北京政法职业学院)、张银福(中国人民公安大学警务指挥战术系)负责;模块2由翟东波(北京政法职业学院)、崔同庆(中国人民武装警察部队特种警察学院)负责;模块3由郭靖(北京政法职业学院)、王体帅(北京政法职业学院)负责;模块4由翟东波、安学涛(海南政法职业学院)负责;模块5由陈小暾(北京政法职业学院)、何杏娜负责;模块6由翟东波、陈小暾、郭靖负责。最后由翟东波、何杏娜负责统稿。教材图片拍摄及视频录制由北京政法职业学院散打队学员配合编写人员共同完成。

本书在北京政法职业学院国家级精品课程《安保防卫术》的基础上更新教学理念,重组教学内容,革新教学方法,发挥信息化教学优势重新编写而成,课程主要面向安全保卫、民航空中安全保卫、空中乘务、民航安全技术管理等相关专业师生、安保及航空安保行业企业从业人员和社会学习者。受编者理论和实践条件及水平所限,难免有不妥之处,恳请广大读者及专业人士批评、指正。

编 者

2021年1月

目录 CONTENTS

基础理论篇

模块1 民航客舱防卫与控制基础理论 ………………………………………………… 3

1.1 民航客舱防卫与控制概述 …………………………………………………………… 4
    1.1.1 认识民航客舱防卫与控制的概念 …………………………………………… 4
    1.1.2 了解民航客舱防卫与控制的历史沿革 ……………………………………… 4
    1.1.3 民航客舱防卫与控制的特征 ………………………………………………… 6
    1.1.4 掌握民航客舱防卫与控制技术的应用原则 ………………………………… 6
    1.1.5 熟悉民航客舱防卫与控制的主要内容 ……………………………………… 7
1.2 民航客舱防卫与控制的法律适用 …………………………………………………… 8
    1.2.1 熟悉民航客舱防卫与控制相关的国际民航安保公约 ……………………… 8
    1.2.2 掌握民航专业法律法规在空保工作中的应用 ……………………………… 11

徒手防卫与控制篇

模块2 民航客舱防卫基本技术 ………………………………………………………… 21

2.1 人体受击部位与易控关节 …………………………………………………………… 23
    2.1.1 熟悉人体的受击部位及击打等级 …………………………………………… 23
    2.1.2 掌握人体主要易控关节 ……………………………………………………… 24
2.2 功力练习 ……………………………………………………………………………… 28
    2.2.1 身体硬度的功力练习 ………………………………………………………… 28
    2.2.2 抗击打能力的功力练习 ……………………………………………………… 29
    2.2.3 打击力量的功力练习 ………………………………………………………… 32
    2.2.4 手腕部的功力练习 …………………………………………………………… 34
2.3 戒备姿势和步法 ……………………………………………………………………… 36
    2.3.1 常用戒备姿势及使用 ………………………………………………………… 36
    2.3.2 常用步法及应用 ……………………………………………………………… 38
    2.3.3 常用防御手型及应用 ………………………………………………………… 40

2.4 进攻技术 ……………………………………………………………………………… 43
　　2.4.1 拳法技术 ……………………………………………………………… 43
　　2.4.2 腿法技术 ……………………………………………………………… 48
　　2.4.3 摔法技术 ……………………………………………………………… 56
　　2.4.4 掌法技术 ……………………………………………………………… 58
　　2.4.5 肘法技术 ……………………………………………………………… 59
　　2.4.6 膝法技术 ……………………………………………………………… 64
2.5 防守与反击技术 ……………………………………………………………………… 66
　　2.5.1 拳法的防守与反击技术 ……………………………………………… 66
　　2.5.2 腿法的防守与反击技术 ……………………………………………… 70
2.6 项目综合实训 ………………………………………………………………………… 76

模块 3 民航客舱遇抗解脱与控制技术 ……………………………………………………… 78

3.1 民航客舱遇抗解脱技术 ……………………………………………………………… 79
　　3.1.1 手腕部被控制的解脱技术 …………………………………………… 79
　　3.1.2 胸肩部被控制的解脱技术 …………………………………………… 83
　　3.1.3 头颈部被控制的解脱技术 …………………………………………… 86
　　3.1.4 腰背部被控制的解脱技术 …………………………………………… 92
3.2 民航客舱遇抗解脱控制技术 ………………………………………………………… 94
　　3.2.1 胸部的遇抗解脱控制技术 …………………………………………… 95
　　3.2.2 头颈部的遇抗解脱控制技术 ………………………………………… 96
　　3.2.3 腰背部的遇抗解脱控制技术 ………………………………………… 100
3.3 项目综合实训 ………………………………………………………………………… 101

模块 4 民航客舱突袭控制技术 …………………………………………………………… 103

4.1 民航客舱突袭控制基本技术 ………………………………………………………… 104
　　4.1.1 手臂部的控制 ………………………………………………………… 104
　　4.1.2 头颈背部的控制 ……………………………………………………… 106
4.2 民航客舱突袭控制应用技术 ………………………………………………………… 110
　　4.2.1 手臂部的突袭控制应用技术 ………………………………………… 110
　　4.2.2 头颈背部的突袭控制应用技术 ……………………………………… 112
4.3 项目综合实训 ………………………………………………………………………… 115

执勤器械应用篇

模块 5 航空安全员执勤器械的应用 ……………………………………………………… 119

5.1 航空安全员执勤器械介绍 …………………………………………………………… 120
　　5.1.1 了解航空安全员执勤器械的种类与配备 …………………………… 120
　　5.1.2 了解航空安全员使用执勤器械的法律依据 ………………………… 121

5.2 航空安全员执勤器械的应用技术 …………………………………………… 122
　　5.2.1 伸缩警棍的应用技术 ……………………………………………… 122
　　5.2.2 强光手电的应用技术 ……………………………………………… 125
　　5.2.3 匕首的应用技术 …………………………………………………… 128
　　5.2.4 约束性器械的应用技术 …………………………………………… 134
5.3 项目综合实训 ………………………………………………………………… 138

实战运用篇

模块 6　民航客舱防卫与控制实战运用 …………………………………………… 143
6.1 应对客舱徒手攻击的防卫与控制 ……………………………………………… 144
　　6.1.1 "一对一"应对徒手攻击 ………………………………………… 144
　　6.1.2 "二对一"应对徒手攻击 ………………………………………… 147
6.2 应对客舱持械袭击的防卫与控制 ……………………………………………… 149
　　6.2.1 "一对一"应对持械攻击 ………………………………………… 149
　　6.2.2 "二对一"应对持械攻击 ………………………………………… 152
6.3 民航客舱搜身与押解带离技术 ………………………………………………… 156
　　6.3.1 搜身技术 …………………………………………………………… 156
　　6.3.2 押解带离技术 ……………………………………………………… 157
6.4 项目综合实训 ………………………………………………………………… 160

参考文献 ………………………………………………………………………………… 161

基础理论篇

죽림의 벗

模块 1
民航客舱防卫与控制基础理论

知识目标

（1）正确理解民航客舱防卫与控制的概念；
（2）了解防卫与控制技术在民航空防安全工作中的重要性；
（3）掌握防卫与控制技术应用的原则以及相关法律法规，为提高处置客舱违法行为人的防卫与控制技术打下坚实的理论基础。

能力目标

能够将理论知识恰当地融入实际工作中，在实际处置民航扰乱行为及非法干扰行为中把握原则，遵守法律法规，保护客舱良好秩序及人身安全。

案例导入

案例一：" 9 · 11 "事件——2001 年美国恐怖袭击事件

2001 年 9 月 11 日上午，两架被恐怖分子劫持的民航客机分别撞向美国纽约世界贸易中心一号楼和二号楼，两座建筑在遭到攻击后相继倒塌，世界贸易中心其余 5 座建筑物也受震而坍塌损毁；9 时许，另一架被劫持的客机撞向位于美国华盛顿的美国国防部五角大楼，五角大楼局部结构损坏并坍塌。" 9 · 11 "事件是发生在美国本土的最为严重的恐怖攻击行动，遇难者总数高达 2996 人。对于此次事件的财产损失各方统计不一，联合国发表报告称此次恐怖袭击对美经济损失达 2000 亿美元，相当于当年生产总值的 2%。此次事件对全球经济所造成的损害甚至达到 1 万亿美元左右。

（案例来源：光明网.回首震撼全球的" 9 · 11 "事件，从自身做起. https://m.gmw.cn/2018-09/11/content_31094413.htm，2018-09-11）

案例二：" 3 · 7 "炸机恐怖事件

2008 年 3 月 7 日，恐怖分子携带经过伪装可致机毁人亡的破坏装置登上从乌鲁木齐飞往北京的 CZ6901 航班，企图制造空难事件。

（案例来源：中华人民共和国中央人民政府.新疆的反恐、去极端化斗争与人权保障. http://www.gov.cn/zhengce/2019-03/18/content_5374643.htm，2019-03-18）

1.1 民航客舱防卫与控制概述

1.1.1 认识民航客舱防卫与控制的概念

安全,历来视为民航事业的生命线。早期,民航安全的关注点在于航空器的飞行安全,而随着民航运输的现代化和运输环境的巨大改变,民航运输安全的内涵和外延都发生了相应的变化,飞行安全因航空科学技术的进步实现了质的飞跃,但是客舱安全却遭受到了前所未有的危机。特别是"9·11"恐怖袭击事件以后,航空器成了恐怖分子、极端分子等不法人员攻击的重点目标,民航客舱安保工作受到了前所未有的关注,这一变化促使民航客舱安保被提升到了与飞行安全同等重要的地位,二者共同构成了民航运输安全的保障。而在民航客舱安全工作中,航空安全员承担着主要任务。

航空安全员,是指为了保证航空器及其所载人员安全,在民用航空器上执行空中安全保卫任务的空勤人员,是我国民航空中安保的主要力量。航空安全员的职责是保卫机上人员与飞机的安全,处置机上非法干扰及扰乱性事件。航空安全员必须在机长的领导下进行工作。在航空器这一特殊环境下,航空安全员是阻止违法犯罪行为的第一道屏障,也是最后一道防线,故非常容易遭受违法犯罪嫌疑人的突然袭击。因此,在民航飞行任务中,航空安全员需具备应对暴力违法行为的防卫知识和技能以及相关法律法规,从而防范、制止和控制民航违法犯罪活动,确保旅客人身安全、保障飞行安全。

一直以来,防卫与控制技术被广泛应用于军队、警察、各单位安保部门等安全保卫职业领域。从广义上讲,防卫即防御和保卫,也就是使自己或者他人不遭受侵犯;控制,即掌握住对方使其无法任意活动或越出范围,或使其按控制者的意愿活动。在民航领域,"民航客舱防卫与控制"是指空安全员在执勤活动中,以法律为准绳,以个体或小组为单元,运用徒手或使用执勤器械制止扰乱行为及非法干扰行为,保障客舱秩序的强制性手段,是航空安全员为保证顺利完成安保任务必须掌握的一项重要实战技能。

1.1.2 了解民航客舱防卫与控制的历史沿革

民航客舱防卫与控制围绕民航客舱安全保卫工作展开,该技术是以职业岗位为需求,依据相关法律法规,根据民航客舱所处特殊环境以及安全员多年实战经验而产生的。其根基来源于中华武术,在军警擒拿格斗技术、警察防卫与控制技术基础上演变而来。

一、民航客舱防卫与控制的源头——中华武术

防卫与控制技术是在中华武术的发展过程中演变而来的。武术的本质就是徒手或手持武器进行对抗。在原始社会,人们为了求生存、为了防暴自卫,采取徒手或运用生产生活工具以及专门的兵器,与野兽或其他部落进行搏斗,从而保护自己,获得利益。

随着时代的变迁,武术根据每个朝代的特点以及人们的需要发生着不同的变化。从唐代的"武艺",到明代的"武术",以及清代的"国术",流派众多,技术丰厚,形成了多元的武术文化和形式。武术根据军事作战需求形成了具有自身特点的武术形态,其内容包括:拳、腿、刀、枪、棍、马术、对练等。中国历史上的军事格斗术也影响了国外武技,日本的柔道、巴西的柔术

都可以看到中华武术中擒拿格斗的身影。由此可见，中国的擒拿格斗对世界搏击术的发展具有极其深远的影响。

二、民航客舱防卫与控制的基础——军事格斗术

新中国成立之前，徒手或使用冷兵器依然是作战的主要手段，擒拿格斗得到广泛深入地开展，属于军事体育范畴内，是部队教育训练的主要科目。新中国成立以后，军队体育得到充分的肯定和发展，这是军事体育发展历程中的一个重要转折点。军事体育课程中开展刺杀、擒拿等技术训练，并强化军人体能，提高了军人身体素质、增强了部队作战行动能力和战斗力，是有组织、有计划、有目的的教育训练。

现代战争主要是高科技兵器的对抗，但基础训练还是离不开擒拿格斗。特别是国家的特种部队的创建，根据军事任务设置训练科目，有夜战攻防训练、擒拿格斗训练、捕俘技术训练、战术训练等必修技术技能，形成了军队特有的以歼灭对手为原则的技术体系。

三、民航客舱防卫与控制的前身——警察格斗术

1927年，中央设立行动科，主要负责训练，内容沿用军事格斗技术；1931年，警察队伍的训练从实践和民间经验中总结了一些捆绑技术和简单的擒拿动作；1938年，中国共产党建立了第一支警察队伍——延安警察队，这一时期擒拿格斗已然成为警察训练中不可或缺的项目，并根据实际需求，向擒拿技术倾向，而不再完全是格斗刺杀术，且训练方法和手段较多。新中国成立初期，各级公安机关借鉴军队的捕俘技术，经过逐步修改补充，初步形成了具有公安特色的擒敌技术，成为警察格斗技术的雏形。

1989年，我国警校成立了警察体育系，有了独立的专业，这时擒拿格斗从军事体育中剥离，形成具有警察特色的实用对抗技术；1992年后，随着警察体育的蓬勃发展，擒拿格斗根据职业需求和专业技术特点进行了技术革新，使其更加适合执法现状，并将擒拿格斗更名为警察防卫与控制，而民航客舱防卫与控制就是在其技术体系上根据职业岗位特点和特有的执勤环境转化而来的。

四、民航客舱防卫与控制技术的演变

民航客舱防卫与控制技术随着国家对民航业的改革而不断演变着。1973年，国务院、中央军委决定在国际航班上派遣安全员，组建了航空安全员队伍，执行安全保卫任务。此阶段的民航客舱防卫与控制技术主要以军事擒拿格斗为主，职业特性不突出，相关法律法规不健全。

1982年，国务院批准在国际和国内主要干线航班增配民航安全员。1983年，中央根据当时国内治安形势的发展变化和保证空防安全的需要，决定将机上安全员工作改由武警承担。此时期的民航客舱防卫与控制有着一招制敌的风格。为适应民航工作的新形势、新特点、新任务的要求，1987年，国务院再次批准民航组建航空安全员队伍。

在这三十多年中，航空安全员承担着民航飞行的安全保卫任务，其防卫与控制技术根据客舱实际需求不断发展。其中，警察防卫与控制技术为民航防卫与控制提供了大量的技术资源，同时竞技体育中的散打、拳击、柔道、摔跤、巴西柔术、马伽术等先进独特的搏击技术、训练方法，也对民航防卫与控制技能产生了重大影响并起着积极的推动作用。在当今航空安全向复杂化和极端化发展的情况下，安全员的防卫技能越发体现出其重要性。在长期总结实践经验的基础上，依据行业法律法规，根据客舱特有的空间和环境条件，通过对防卫与控制技术技能本身固有规律、特点及各种情况下实战运用的研究，从而形成了一种具有航空特色的特殊防控技能，从军事格斗和警察格斗中逐渐转化为具有职业特性的专项防卫与控制的技术体系。

如今，民航客舱防卫与控制专项技能和职业特点突出，从徒手防卫、执勤器械的配备，到沙盘演练、客舱对抗等实践性训练，提高了安全员应对扰乱客舱治安秩序和非法干扰等行为的能力。其中3＋X训练为全员协作处置暴力违法行为起到了前所未有的关键作用。

1.1.3 民航客舱防卫与控制的特征

航空安全员在民航客舱运用防卫与控制技术处置暴力违法行为时，体现出以下基本特征。

一、针对职业，突出实用

民航安全保卫是一个较为特殊的安保领域。第一，民航安全无小事，其安保工作一直是国家安全的重中之重。第二，民航安全执勤有着自身严格的行业规范和标准。第三，航空安全员执勤具有环境封闭、可利用资源有限、可协助人员有限的特征。依据以上特征，民航防卫与控制技术是以法律为依据，以民航安保任务为导向，摒弃以往只注重外在形式而忽略实战效果的弊端，将繁杂的技术根据职业需求进行精简而有效的提炼，突出技术的实用性，确保应对暴力违法行为时有效、有用。

二、技术精湛，快速精准

民航安全从客舱内狭小空间的执勤环境分析，客舱内部具有封闭、空间小、障碍物多的特点，在这种特殊的环境和空间中实施防卫与控制技术的难度增加。常规的防卫与控制技术，如摔擒等动作幅度大，在狭小空间中发挥效用容易受到阻碍。因此，民航防卫与控制的技术突出短小精湛、快速准确的特点，以使技术能够在航空安保中发挥出最大效能。

三、防控结合，技术全面

民航飞行中的非法行为包括扰乱行为和非法干扰行为，两种行为的性质以及危害程度有着本质的区别。在处置违规吸烟、占座、偷盗、打架斗殴等扰乱行为时，安全员主要运用以防为主的技术，合理运用防卫手段，避免事态的扩大。而在处置劫炸机、劫持人质、劫机等非法干扰行为时就需要果断运用一招制敌的攻击技术，以最快速度、最短时间处置违法行为，避免造成机毁人亡的事件发生。因此，民航防卫与控制技术从防守到控制，从徒手到执勤器材、技术和手段，均依据实际风险等级从低到高、由防到控综合全面设置，从而可灵活应变，做到合理、有效处置。

1.1.4 掌握民航客舱防卫与控制技术的应用原则

一、依法应用原则

"依法、规范、文明"执勤是航空安全员必须遵从的职业操守。航空安全员在防卫与控制技术运用中受到法律的支持和保障，同时也受法律的制约。因此，航空安全员应提高依法应对违法犯罪活动的自觉性，避免行动的盲目性，避免法律风险，提高实战效能。

在制止违法犯罪活动的过程中无论采取何种技战术形式与手段，都必须以事实为依据、以法律为准绳。在执勤过程中什么情形进行防卫，什么情形进行控制，何时使用徒手，何时使用防卫器械等，以及如何根据对方的暴力程度采取适当的防卫手段都应以法律为准绳，决不允许越权行事、滥用武力。程序依法规范，航空安全员处置事件就会无懈可击；而程序不合法、不规范，即使是履行职责也要遭到非议。依法执勤是维护航空安全员自身权利的基本条件。

法律规范保障了航空安全员的权益，而在实战中遵循规范的程序，则可保障航空安全员的人身安全。虽然实战是纷纭莫测的，但航空安全员处置暴力事件的行动程序却有一定之规。

实战对抗的程序是航空安全员无数次实战成功与失败教训的总结,是航空安全员施展防卫的特点与规律的集中体现。抓住主线,坚持严格遵循法律程序和行动程序,才能够更好地履行职责,圆满地完成任务。

二、安全第一原则

航空安全员执勤应以最大限度地保证国家安全、人机安全为最高原则。这里所指的安全包括航空安全员自身的安全、整个机组人员的安全、客舱所有乘客的安全,甚至包括嫌疑人的安全。

航空安全员在保护目标安全的过程中面临各种复杂情况,尤其是犯罪嫌疑人攻击的方式、手段以及激烈程度等,均具有突发性与不确定性。因此,在执勤前要尽量多地掌握有关信息,要对人、物和环境进行充分评估;对现场可能出现的危险情况,思想上要保持高度的警惕,客观分析面临的各种危险因素和可能出现的风险。要以最小武力原则保障安保人员、被保护目标乃至犯罪嫌疑人的安全。

三、最小武力原则

在执法过程中,航空安全员应当综合分析犯罪嫌疑人的对抗手段、暴力程度、危害后果,以及双方力量的对比、案件的紧急程度等因素,然后做出最恰当的反应,选择相应的应对措施。这就要求航空安全员既要遵循使用强制手段的一般程序,又要根据现场具体情况及时做出判断,决定采用何种徒手防卫与控制动作和强制手段。

在执勤过程中,应当根据现场和违法行为人的具体情况,适度运用徒手防卫与控制动作和强制手段制止违法犯罪行为,达到控制、制服的目的,并尽量将对执法对象、无关人员以及周围环境的损害降到最低程度,避免发生严重的危害后果。在必须使用武力时,要避免激化矛盾,在保证最小伤害的同时,最低限度地使用武力。

四、随机应变原则

随机应变,就是在运用防卫与控制技术时要在坚持原则的基础上灵活运用,可以说是实战对抗的"灵魂"。在实战中,情况瞬息万变,我们要有灵活的策略应对现场情况的变换。思想上要保持高度的警惕,行动上要采取必要的预防和措施,灵活机动,避免临危时措手不及。航空安全员要有应对暴力突发事件的行动方案,要充分考虑到可能出现的各种突发情况,对可能出现的危险因素提前做出估计,在实际对抗中才会做到因情施策、灵活应对,有效完成任务。

1.1.5 熟悉民航客舱防卫与控制的主要内容

民航客舱防卫与控制的知识技能体系是根据我国航空安保工作的性质、特点和需求,以我国民族传统武术的踢、打、摔、拿四大技击方法为基础,吸取散打、拳击、巴西柔术、摔跤等格斗竞技项目的技术精华,在军警格斗技术的框架上形成的。经长期民航客舱安全实践而不断积累、丰富,逐步发展、充实、完善起来。根据航空安全员应对客舱暴力违法人员的能力需求分析,防卫知识技能体系主要由以下几方面的内容构成。

第一,安全意识。航空安全员职业的特殊性,决定了他们在执勤时要随时保持高度的警惕状态,对突发情况要有一定的思想准备,要具备自我保护的意识。自我保护意识是一种自觉的心理活动,是经过人的后天培养起来的,是航空安全员在执勤时应具备的一种职业敏感性。高度的警惕性和安全意识是保证自身安全和顺利完成任务的基本要素。防卫与控制任何技术的应用均离不开安全意识。

第二，身体素质。身体是一切活动的基础，对于航空安全员学练和运用防控技能来讲更是如此。航空安全员平时应加强身体素质训练，以保持身体总体灵活性的提高，即使在高强度的工作下也能使身体处于较为良好的状态，在应对暴力突发事件时能够有效运用各类技能，从而提高实战效能。

第三，语言控制。航空安全员掌握防卫手段的尺度，是使犯罪嫌疑人停止实施犯罪行为或者使犯罪嫌疑人失去犯罪的能力，并不是以伤害犯罪嫌疑人的身体为目的。因此，航空安全员在实战中，并非仅以身体上的对抗来控制其违法行为。面对违法行为，首先要采取语言控制，告知："我是本次航班航空安全员，放下武器！"或者采取语言命令："双手抱头，蹲下！"以便通过语言控制其行为。语言控制具有告知嫌疑人身份，从而正确履行执勤程序，以及防止事态升级的作用。

第四，徒手控制技术。徒手控制技术主要包括基本格斗技术、防卫基本技术、突袭控制技术、遇抗解脱、控制技术以及实战综合运用等技术，是航空安全员应对违法犯罪活动的专业防控技术。由于该技术是以控制其关节要害为主，因此，掌握该技术可在降低对犯罪嫌疑人伤害的情况下有效地完成任务。

第五，执勤器械。航空安全员在机上执勤需佩戴执勤器械，主要包括伸缩警棍、强光手电、匕首、警绳、约束带、手铐等。这些是航空安全员执勤时依法使用的专门器械，是保障飞行安全的重要装备。

1.2 民航客舱防卫与控制的法律适用

为了预防和制止危害民航安全和秩序的违法犯罪行为，保障民航运输中的人员生命和财产安全，维护民航运输秩序，制定了一系列相关法律法规。民航安保活动的复杂性决定了航空安保的复杂性，因此航空安全员在使用防卫与控制技术时应依据法律法规和行业规定，避免产生纠纷。

1.2.1 熟悉民航客舱防卫与控制相关的国际民航安保公约

国际民航公约是各国政府间签订的、规定各自在民用航空领域内的权利和义务的多边条约，是得到多数国家承认的现行国际民航公约。

一、《东京公约》关于航空犯罪的相关规定及主要条文释义

随着第二次世界大战后全球民航运输业的快速发展，航空器逐渐成为大众出行的重要工具。相应地，机上发生的一些违法犯罪事件也引起了全球的关注。为了解决这些问题，在国际民航组织的支持下，42个国家于1963年8月在日本东京召开正式外交会议。1963年9月14日，各国议定《关于在航空器内犯罪和犯有其他某些行为的公约》（以下简称《东京公约》），并约定公约向联合国成员国或某一专门机构的成员国的任何国家开放，听任签字。1978年11月14日，我国政府向国际民航组织秘书长交存加入书，申请加入《东京公约》。根据公约第21条的规定，公约于1979年2月12日对我国生效。

（一）明确了适用范围，解决了管什么的问题

《东京公约》第一章"公约的范围"第一条第1款规定，该公约适用于"甲、违反刑法的罪行；乙、危害或能危害航空器或其所载人员或财产的安全或危害航空器上的良好秩序和纪律的行为，无论是否构成犯罪行为"，即犯罪行为或者违反航空器内良好秩序和纪律的违法行为都可

以适用《东京条约》的规定。第2款规定:"除第三章规定者外,本公约适用于在缔约一国登记的航空器内的犯罪或犯有行为的人,无论该航空器是在飞行中,在公海上,或在不属于任何国家领土的其他地区上。"

(二)明确了管辖权,解决了由谁管的问题

根据《东京公约》第二章"管辖权"第三条之规定,"航空器登记国有权对在该航空器内的犯罪和所犯行为行使管辖权"。客舱属于拟制领土,中国警方可依属地管辖原则主张对我国航空器上发生的案事件的管辖权。

根据《东京公约》第二章"管辖权"第四条之规定,"甲、该犯罪行为在该国领土上发生后果"的,非登记国的缔约国可对航空器内犯罪行使其刑事管辖权。即根据属地管辖原则实施管辖。"乙、犯人或受害人为该国国民或在该国有永久居所"的,非登记国的缔约国可以对飞行中的航空器进行干预以对航空器内的犯罪行使其刑事管辖权。此即属人管辖原则。

(三)明确了机长的权利和义务,解决了怎么管的问题

根据《东京公约》第三章"机长的权力"第六条之规定:"机长在有理由认为某人在航空器上已犯或行将犯第一条第1款所指的罪行或行为时,可对此人采取合理的措施,包括必要的管束措施,以便:

甲、保证航空器、所载人员或财产的安全;

乙、维持机上的良好秩序和纪律;

丙、根据本章的规定将此人交付主管当局或使他离开航空器。"

"第2款,机长可以要求或授权机组其他成员给予协助,并可以请求或授权但不能要求旅客给予协助,来管束他有权管束的任何人。任何机组成员或旅客在他有理由认为必须立即采取此项行动以保证航空器或所载人员或财产的安全时,未经授权,同样可以采取合理的预防措施。"

本条是对机长权力内容的规定。在机长行使这种权力时,必须符合以下要件:①必须是为了保证飞机、所载人员或财产安全;②必须是为了维护机上的良好秩序和纪律;③必须是为了将行为人交送给主管当局或为了使行为人离开飞机。这是对机长行使"必要与适当"措施中最严厉的治安权力的一种限制,以防机长权力滥用。

第2款规定机长可以要求或授权机组其他成员,可以请求或授权但不能命令旅客给予协助,实施强制管束措施。同时该款还规定,机上任何人在他有理由认为必须立即采取此项行动以保证飞机或所载人员或财产的安全时,虽然未经授权,也可以采取合理的预防措施。这也与《中华人民共和国刑法》中关于"正当防卫"和"紧急避险"的规定相一致。

(四)明确了非法劫持航空器行为的处置规定

根据《东京公约》第四章"非法劫持航空器"第十一条之规定:"如航空器内某人非法地用暴力或暴力威胁对飞行中的航空器进行了干扰、劫持或非法控制,或行将犯此类行为时,缔约国应采取一切适当措施,恢复或维护合法机长对航空器的控制。"本条是自民用航空活动以来,第一次在国际公约中表述劫持航空器的行为,并提供了以国际合作的方式进行处置的规定。

二、《海牙公约》关于劫机犯罪的相关规定

《东京公约》签订不久后,全球出现了劫机浪潮。例如,1969年劫机事件高达91起。鉴于上述情况,国际民航组织法律委员会于1969年成立了一个专门法律小组,开始研究起草专门的应对劫机犯罪的国际公约。1970年12月1日,共有77个国家参加的航空法国际会议在海

牙开幕,会议最后通过了《关于制止非法劫持航空器的公约》(以下简称《海牙公约》),1971年10月14日该公约生效。1980年9月10日,我国申请加入了《海牙公约》。

《海牙公约》主要从三个方面对反劫机措施作了法律规范:①明确将非法劫持和控制民用航空器的行为规定为违反国际公约的严重犯罪行为;②明确规定了国际管辖与缔约国管辖的权利与义务;③提出了严惩劫机犯罪的措施,创造了新的适用范围。

三、《蒙特利尔公约》关于航空犯罪的相关规定

《蒙特利尔公约》增加了多种航空犯罪。1970年2月,国际民航组织法律委员会召开第十七次会议讨论修改《海牙公约》草案。1970年2月21日,一天内连续发生2起在民用航班上放置爆炸装置,造成2架飞机在空中爆炸的严重事件。这段时期武装袭击等待起飞的客机、爆炸机场、损毁使用中民航设施等事件也不断发生。这些新的危害民用航空安全的非法干扰行为,同样对航空器及相关人员的安全造成巨大的危害,引起国际社会的普遍关注。1971年9月8日,国际民航组织在蒙特利尔召开会议,61个国家和7个国际组织派人参加了会议,审议了《破坏航空运输犯罪的公约》草案。1971年9月23日,《关于制止危害民用航空安全的非法行为的公约》(以下简称《蒙特利尔公约》)正式通过。制定这一公约的主要目的就是要进一步完善国际民用航空安全保卫的法律体系,为各国严厉打击地面发生的炸毁民用航空器、破坏重要航空设施、严重危及民用航空安全的行为提供依据和保障。《蒙特利尔公约》进一步完善了处置危及民用航空安全的犯罪的法律体系。

《蒙特利尔公约》列举了劫持民用航空器之外的危害民用航空安全的行为,具体包括:

"(1) 对飞行中的航空器内的人员实施暴力,足以危及航行安全的行为;

(2) 破坏使用中的航空器,或者对该航空器造成损坏,使其无法飞行或足以危及航行安全的行为;

(3) 不论采用何种方式,在使用中的航空器内放置或者唆使他人放置一种物质或装置,该物质或装置具有破坏该航空器,或者对该航空器造成损坏,使其不能飞行或危及飞行安全的行为;

(4) 破坏或损坏航行设备或扰乱其正常工作,足以危及航空器安全的行为;

(5) 传送明知是虚假的情报,危及飞行中的航空器的安全的行为。"

1988年2月24日,针对民航机场频频发生爆炸、破坏活动,国际民航组织在蒙特利尔又签订了一份议定书,全称是《制止在用于国际民用航空的机场发生的非法暴力行为以补充1971年9月23日订于蒙特利尔的制止危害民用航空安全的非法行为的公约的议定书》(即《蒙特利尔议定书》)。

《蒙特利尔公约》及其议定书规定的犯罪种类成了公认的国际犯罪,各国也纷纷将其纳入本国的立法。

四、《北京公约》及《北京议定书》对航空犯罪的相关规定

《东京公约》《海牙公约》《蒙特利尔公约》这三大航空安保公约对于维护国际民航运输的安全和秩序发挥了极其重要的作用。然而,这些公约指定的时代已经久远,民航面临的威胁也逐渐增多,新形势下原有的公约体系已显露不足。如除去公约规定的犯罪种类,在近几十年的发展中,又出现了大量的新型破坏手段。因此,在国际民航组织的倡导下,2010年9月10日,在北京举行的航空安保外交会议上,对《海牙公约》和《蒙特利尔公约》进行了修订,并且最终通过了《制止与国际民用航空有关的非法行为的公约》(即《北京公约》)和《制止非法劫持航空器公

约的补充议定书》(即《北京议定书》)。

《北京公约》及《北京议定书》进行了以下几个方面的修订：①增加了新型的航空威胁种类；②将"法人"新增为航空犯罪的主体；③明确了共同犯罪的形态；④新增了一项强制性管辖理由和两项任选性管辖理由；⑤直接规定了公约规定的航空犯罪不属于政治犯。

以上国际公约对防止在航空器内发生一般违法行为、空中劫持、危害民用航空安全的非法行为，将航空器作为袭击工具的新型恐怖威胁，使用民用航空器非法传播生物、化学和核物质，以及使用生物、化学和核物质对民用航空器进行攻击作了明文规定。这些都是航空安全员应当熟悉和了解的国际民航安保公约。

1.2.2　掌握民航专业法律法规在空保工作中的应用

一、与空保工作有关的法律

在我国与民航安全相关的法律有：《中华人民共和国刑法》《中华人民共和国治安管理处罚法》《中华人民共和国民用航空法》《中华人民共和国反恐怖主义法》等。

(一)适用客舱内犯罪的《中华人民共和国刑法》主要条文释义

根据《中华人民共和国刑法》第六条属地管辖权："凡在中华人民共和国领域内犯罪的，除法律有特别规定的以外，都适用本法。凡在中华人民共和国船舶或者航空器内犯罪的，也适用本法。犯罪行为或者结果有一项发生在中华人民共和国领域内的，就认为是在中华人民共和国领域内犯罪。"

本条规定的是行使管辖权的"属地管辖原则"，即以我国的领域为标准，凡是在我国领域内犯罪，除了有特别规定以外，都适用《中华人民共和国刑法》。国家领域，是指我国国境以内的全部区域，具体包括：①领陆，即国境线以内的领地，包括地下层；②领水，即内陆的水域和领海地域及其以下的水底地层；③领空，即领陆和领水之上的空间。此外，本条依照国际惯例，还规定了具有我国国籍的船舶或航空器，是我国领域的一部分。在这些船舶或航空器内犯罪的，同样适用本法。

(二)适用客舱内违法行为的《治安管理处罚法》主要条文释义

根据《治安管理处罚法》第四条规定："在中华人民共和国领域内发生的违反治安管理行为，除法律有特别规定的外，适用本法。在中华人民共和国船舶和航空器内发生的违反治安管理行为，除法律有特别规定的外，适用本法。"

我国《治安管理处罚法》适用于以下两种情况。

(1)发生在我国领域之内。主要包括：①当航空器在国内机场尚未起飞时，机上发生了违反治安管理的行为；②航空器进入飞行状态，还未离开我国航空领域或者进入了我国领空的。

(2)发生在我国的航空器内。所谓我国的航空器，是指具有我国国籍的航空器，不包括租用的航空器。

根据《治安管理处罚法》第三十四条规定："盗窃、损坏、擅自移动使用中的航空设施，或者强行进入航空器驾驶舱的，处十日以上十五日以下拘留。在使用中的航空器上使用可能影响导航系统正常功能的器具、工具，不听劝阻的，处五日以下拘留或者五百元以下罚款。"

本条是《治安管理处罚法》针对航空器运行的违法行为专门设定的条款。此类行为在主观方面表现为直接故意，主体为一般主体。此类行为侵犯的客体是航空器的飞行安全。客观方面规定了三类情形：①盗窃、损坏、擅自移动使用中的航空设施。航空设施包括机场的安保设施（如隔离设施）、灯光和标志、救援和消防设施等。这些设施遭到破坏可能直接危害航空器的安全，如损毁停机坪的灯光设施将直接影响夜航飞机的降落。此外，航空器内也配有许多重要的设施，如烟雾探测仪、救生衣等，旅客移动或者损坏这些设施也会带来直接的危害或者增加间接的风险。②强行进入航空器驾驶舱。驾驶舱是飞行组工作的空间，也是保障航空器正常飞行的核心部位。因此，各国都将其列为重点保护对象。③在使用中的航空器上使用可能影响导航系统正常功能的器具、工具，不听劝阻的。手机可能影响航空器的无线电波，其他电子设施在航空器起降期间可能产生危害，因此国际航空运输中均对电子设施、设备的使用进行了规定。为了制止旅客随意使用手机或者电子设备对飞行造成干扰，《治安管理处罚法》特别加入了这一条款。适用这一规定应当注意到一项重要条件——"不听劝阻"。对此，如果旅客因疏忽使用了手机或者有急事未挂断手机，经劝阻立即关上的，则不构成违法行为。劝阻可能来自机上空乘人员、航空安全员，也可以是其他旅客实施的。

以上相关法律条文说明，在我国领域的航空器内违反《中华人民共和国刑法》和《治安管理处罚法》的均属于航空安全员处置的范围。

（三）适用客舱内犯罪的《民用航空法》主要条文释义

我国《民用航空法》第一百九十一条至一百九十九条，分别规定了劫持民用航空器，对机上人员使用暴力，隐匿携带危险品、限制品上机，违规运输危险品，在使用中的航空器上放置危险品，故意传递虚假情报，破坏航行设备，聚众扰乱机场秩序，航空人员玩忽职守这九种犯罪行为。除了第一百九十八条规定的"聚众扰乱机场秩序"之外，其他行为都可能发生在航空器中。实施上述行为的人，应受到《中华人民共和国刑法》的惩罚。这些行为囊括了《海牙公约》《蒙特利尔公约》列举的六大类国际航空犯罪行为以及其他常见的航空犯罪。我国《民用航空法》以国家立法的形式，对上述各种犯罪进行了确认。

2009年8月27日，第十一届全国人大常委会第十次会议通过了《关于修改部分法律的决定》，将《民用航空法》第一百九十二条修改为"对飞行中的民用航空器上的人员使用暴力，危及飞行安全的，依照刑法有关规定追究刑事责任"，完善了《民用航空法》与《中华人民共和国刑法》衔接上的缺陷。

（四）适用客舱内犯罪的《反恐怖主义法》主要条文释义

《中华人民共和国反恐怖主义法》第十一条规定："对在中华人民共和国领域外对中华人民共和国国家、公民或者机构实施的恐怖活动犯罪，或者实施的中华人民共和国缔结、参加的国际条约所规定的恐怖活动犯罪，中华人民共和国行使刑事管辖权，依法追究刑事责任。"

第三十五条规定："对航空器、列车、船舶、城市轨道车辆、公共电汽车等公共交通运输工具，营运单位应当依照规定配备安保人员和相应设备、设施，加强安全检查和保卫工作。"

第六十二条规定："人民警察、人民武装警察以及其他依法配备、携带武器的应对处置人员，对在现场持枪支、刀具等凶器或者使用其他危险方法，正在或者准备实施暴力行为的人员，经警告无效的，可以使用武器；紧急情况下或者警告后可能导致更为严重危害后果的，可以直接使用武器。"该规定说明，航空安全员维护客舱秩序遇到紧急情况时，可以未经机长授权使用执勤器械制止违法行为。

二、民航相关行政法规

《中华人民共和国民用航空安全保卫条例》于1996年7月6日国务院令第201号发布，是为了防止对民用航空活动的非法干扰、维护民用航空秩序、保障民用航空安全而制定的条例。

根据《民用航空安全保卫条例》第二十二条的规定:"航空器在飞行中的安全保卫工作由机长统一负责。航空安全员在机长领导下,承担安全保卫的具体工作。机长、航空安全员和机组其他成员,应当严格履行职责,保护民用航空器及其所载人员和财产的安全。"

第二十三条规定,机长在执行职务时,可以行使下列权力:

(1) 在航空器起飞前,发现有关方面对航空器未采取本条例规定的安全措施的,拒绝起飞;

(2) 在航空器飞行中,对扰乱航空器内秩序,干扰机组人员正常工作而不听劝阻的人,采取必要的管束措施;

(3) 在航空器飞行中,对劫持、破坏航空器或者其他危及安全的行为,采取必要的措施;

(4) 在航空器飞行中遇到特殊情况时,对航空器的处置作最后决定。

因此,航空安全员作为机组一员,应依照机长的领导维护航空器内的秩序,制止威胁民用航空飞行安全的行为,保护所载人员和财产的安全。具体履行下列职责:

(1) 对航空器客舱实施安保检查;

(2) 根据需要检查旅客登机牌及相关证件;

(3) 对受到威胁的航空器进行搜查,妥善处置发现的爆炸物、燃烧物和其他可疑物品;

(4) 对飞行中的航空器驾驶舱采取保护措施,监护驾驶舱门,制止未经授权的人员或物品进入驾驶舱;

(5) 对航空器上的扰乱行为人采取必要的管束措施或者强制其离机;

(6) 防范和制止非法干扰行为等严重危害飞行安全的行为;

(7) 法律、行政法规规定的其他职责。

《条例》第二十五条规定,航空器内禁止下列行为:

(1) 在禁烟区吸烟;

(2) 抢占座位、行李舱(架);

(3) 打架、酗酒、寻衅滋事;

(4) 盗窃、故意损坏或者擅自移动救生物品和设备;

(5) 危及飞行安全和扰乱航空器内秩序的其他行为。

本条规定了航空器内禁止的行为,属于航空安全员判断是否构成机上扰乱秩序与危害飞行安全行为的重要依据。

三、民航相关规章制度

(一)《公共航空旅客运输飞行中安全保卫工作规则》相关规定及主要条款释义

为了规范公共航空旅客运输飞行中的安全保卫工作,加强民航反恐怖主义工作,保障民用航空安全和秩序,根据《中华人民共和国民用航空法》《中华人民共和国安全生产法》《中华人民共和国反恐怖主义法》和《中华人民共和国民用航空安全保卫条例》的有关规定,制定《公共航空旅客运输飞行中安全保卫工作规则》。《公共航空旅客运输飞行中安全保卫工作规则》于2017年1月11日经中华人民共和国交通运输部第一次部务会议通过,自2017年3月10日起施行。

《公共航空旅客运输飞行中安全保卫工作规则》第六章"附则"第四十九条将本规则使用的部分术语定义如下:

"飞行中,是指航空器从装载完毕、机舱外部各门均已关闭时起,直至打开任一机舱门以便卸载时为止。航空器强迫降落时,在主管当局接管对该航空器及其所载人员和财产的责任前,应当被认为仍在飞行中。"

"机组成员,是指在飞行中民用航空器上执行任务的驾驶员、乘务员、航空安全员和其他空勤人员。"

《规则》第九条中规定:"公共航空运输企业应当按照相关规定,为航空安全员配备装备,并对装备实施统一管理,明确管理责任,建立管理工作制度,确保装备齐全有效。装备管理工作记录应当保留12个月以上。"

第十一条明确了航空器在飞行中安全保卫的具体工作,机组成员应当按照相关规定,履行下列职责:

(1) 按照分工对航空器驾驶舱和客舱实施安保检查;

(2) 根据安全保卫工作需要查验旅客及机组成员以外的工作人员的登机凭证;

(3) 制止未经授权的人员或物品进入驾驶舱或客舱;

(4) 对扰乱航空器内秩序或妨碍机组成员履行职责,且不听劝阻的,采取必要的管束措施,或在起飞前、降落后要求其离机;

(5) 对严重危害飞行安全的行为,采取必要的措施;

(6) 实施运输携带武器人员、押解犯罪嫌疑人、遣返人员等任务的飞行中安保措施;

(7) 法律、行政法规和规章规定的其他职责。

第二十四条中规定了机组成员应当按照机长授权处置扰乱行为和非法干扰行为。

根据机上案(事)件处置程序,发生扰乱行为时,机组成员应当口头予以制止,制止无效的,应当采取管束措施;发生非法干扰行为时,机组成员应当采取一切必要处置措施。

第二十五条对出现严重危害航空器及所载人员生命安全的紧急情况进行了明确,当机组成员无法与机长联系时,应当立即采取必要处置措施。

本规则中的非法干扰行为,是指危害民用航空安全的行为或未遂行为,其主要包括:

(1) 非法劫持航空器;

(2) 毁坏使用中的航空器;

(3) 在航空器上或机场扣留人质;

(4) 强行闯入航空器、机场或航空设施场所;

(5) 为犯罪目的而将武器或危险装置、材料带入航空器或机场;

(6) 利用使用中的航空器造成死亡、严重人身伤害,或对财产或环境的严重破坏;

(7) 散播危害飞行中或地面上的航空器、机场或民航设施场所内的旅客、机组、地面人员或大众安全的虚假信息。

扰乱行为,是指在民用机场或在航空器上不遵守规定,或不听从机场工作人员或机组成员指示,从而扰乱机场或航空器上良好秩序的行为。航空器上的扰乱行为主要包括:

(1) 强占座位、行李架的;

(2) 打架斗殴、寻衅滋事的;

(3) 违规使用手机或其他禁止使用的电子设备的;

(4) 盗窃、故意损坏或者擅自移动救生物品等航空设施设备或强行打开应急舱门的;

(5) 吸烟(含电子香烟)、使用火种的;

(6) 猥亵客舱内人员或性骚扰的;

(7) 传播淫秽物品及其他非法印制物的;
(8) 妨碍机组成员履行职责的;
(9) 扰乱航空器上秩序的其他行为。

预防与处置客舱扰乱行为和非法干扰行为是航空安全员的主要职责。《规则》中对危害民用航空和航空运输安全的行为进行了规定,为航空安全员执勤提供了依据,使其执勤更加规范化。航空安全员在执勤时应当严格执行执勤程序,不得从事可能影响其履行职责的活动。

(二)《航空安全员合格审定规则》相关规定及主要条款释义

《航空安全员合格审定规则》(中华人民共和国交通运输部令 2018 年第 17 号)已于 2018 年 8 月 27 日经第 14 次部务会议通过,自 2019 年 1 月 1 日起施行。

《规则》中第一章第一条规定,为了保证民用航空安全,规范航空安全员的合格审定工作,根据《中华人民共和国民用航空法》《中华人民共和国行政许可法》《中华人民共和国反恐怖主义法》《中华人民共和国民用航空安全保卫条例》和《国务院对确需保留的行政审批项目设定行政许可的决定》(国务院令第 412 号),制定本规则。

第二条规定,在中华人民共和国注册的公共航空运输企业所运营的航空器上航空安全员的资格审查及其执照的申请、颁发、监督管理适用本规则。

第四条中规定,对航空安全员术语定义如下:是指为了保证航空器及其所载人员安全,在民用航空器上执行安全保卫任务,持有本规则规定的有效执照的人员。

第五条规定,航空安全员实行执照管理制度。未持有按本规则颁发的有效执照的人员,不得担任航空安全员。

第六条规定,航空安全员在履行岗位职责时应当随身携带有效执照及按民用航空人员体检合格证管理相关规定颁发的有效的体检合格证。

(三)《民用机场和民用航空器内禁止吸烟的规定》相关规定及主要条款释义

《民用机场和民用航空器内禁止吸烟的规定》(民航总局第 71 号令)于 1997 年 12 月 30 日经中国民用航空总局局务会议通过,并公布施行。

《规定》第三条,民用航空器内的下列区域禁止吸烟:①国内航线、特殊管理的国内航空运输航线、澳门航线及海峡两岸航线的民用航空器的客舱和厕所内;②国际航线的民用航空器的客舱禁烟区和厕所内;③在地面上停放的民用航空器内。

第四条,民用机场禁止吸烟区域的管理工作由机场管理部门负责;民用航空器内和民用机场内由航空公司使用的区域内的禁止吸烟管理工作由航空公司负责。中国民用航空总局、民航地区管理局卫生主管部门对民用机场和民用航空器内的禁止吸烟工作进行监督。

第六条,民用机场管理部门应当根据禁止吸烟区面积、旅客数量设置兼职的卫生检查员(以下简称检查员)。各航空公司应当在执行飞行任务的民用航空器内设置兼职的检查员。

第七条,检查员的职责如下:①负责其主管区域内禁烟场所的日常禁烟管理工作;②宣传吸烟危害健康的知识;③制止在禁烟场所的吸烟行为,对吸烟者进行劝阻、教育,视情节按有关法律、法规、规章进行处理;④完成与禁止吸烟有关的其他工作。

第八条,检查员在履行检查职责时要礼貌待人,秉公办事。对在禁止吸烟场所违反本规定的个人予以处罚时,应出具本人的证件;收缴罚款,应出具财政管部门统一监制的卫生罚款专用票据,并按规定上交。

四、民航规范性文件

民航系统与客舱安全相关的管理文件有:《机上案(事)件处置办法》《航空安全员执勤程序》《国家处置劫机事件总体预案》《航空安全员执勤记录仪使用及管理规定》《民航安检机构、航班机组报警和民航(机场)公安警情处置规定》等。

思政讨论题:向"中国民航英雄机组"学习。

案例:2018年5月14日早上,四川航空由重庆飞往拉萨的3U8633航班,在四川空域内飞行时,驾驶舱右侧玻璃突然破裂。驾驶舱内瞬间失压,气温降低到零下40℃。机组副驾驶半个身子被"吸"了出去。危急关头,机长刘传健在自动化设备失灵的情况下,凭借20年的飞行经验和异于常人的心理素质,手动操纵飞机,于7时40分左右,成功让飞机备降在了成都双流机场,挽救了119位乘客和9名机组人员的生命。

2018年5月14日早上6时27分,川航3U8633航班从重庆江北机场起飞。7时左右,飞过成都后100~150千米位置时,驾驶舱右座风挡玻璃忽然出现裂纹。"不好!"曾担任多年空军第二飞行学院教员的机长刘传健心里咯噔一下。飞机此时位于9800米的高空,由于舱内外气压差,驾驶舱玻璃上承受的压力可以按"吨"计算,这很可能导致风挡玻璃破碎。必须马上备降!机组立即向空管部门申请下降高度,并请求备降最近的成都双流国际机场。成都区域空管部门马上发出相关指令,引导航班返航。

就在此时,"轰"的一声,风挡玻璃承受不住高压突然爆裂。驾驶舱就像一个扎紧的气球被针突然刺破,猛烈的风一下涌进来,仪表上的东西瞬间被吸了出去。在近万米的高空中,副驾驶徐瑞辰还没反应过来,强风就把他的半个身子都"吸"了出去,好在他系着安全带,经过一番挣扎,被拉了回来。此刻,低温、噪声瞬间充斥着整个驾驶舱,情况十分危急。客舱内氧气面罩脱落。

7:12 飞机急速下降,客舱突然断电。飞机下降得很快,最高达到了每秒51米。

机长刘传健经历过无数次"玻璃爆破"的模拟演练,深知面对危险,最重要的是按照程序处置,不能让飞机失控。他急速下降飞机以减压,并抓住掉落的氧气面罩戴上,发出7700紧急代码——这代表飞机出现紧急情况。

客舱内乘客彼此的眼中都是恐慌。有的开始发问:"发生了什么事?"乘务员没有解释,只是反复地说:"请大家在原位上坐好,戴好氧气面罩,请相信我们,我们有信心、有能力带大家备降地面。"

7:15 盲飞。机长手动操控,目视驾驶飞机。此时的驾驶舱正经历着生死劫。噪声巨大,听不到无线电指令;瞬间失压,眼膜、耳膜、皮肤被巨大的力量撕扯着;极寒低温,气温低至零下40℃。飞机在7000多米的高空,下面是川西高原的冰山。刘传健用力控制住飞机。"如果在零下四五度的哈尔滨大街上,以200公里的时速开车,你把手伸出窗外,能做什么?"事后,刘传健这样比喻。当时的飞行速度是800~900千米/小时,零下数十摄氏度的低温。刘传健在这条航路飞了上百次,凭着目视驾驶飞机,使其平稳飞行。

成都区域空管部门,也是一片忙碌。无线电联系中断。根据雷达信号,飞机还在正常的轨迹上。空管部门按照正常的应急程序,不断给机组发出指令,告知坐标、高度等。同时,向同一航路上的其他航班发送指令,要求避让,腾出空中绿色通道。

7:42 航班安全降落,119位乘客和9名机组人员悬着的心终于放下了。人群有序地走下飞机后,才看见机头的玻璃破碎了。摆渡车将劫后余生的乘客们转到休息室。机场派来了很多救援的人和车。藏族小伙平措和邻座素昧平生的小伙子紧紧拥抱在一起,庆祝这场"有惊无险"的飞行。他在朋友圈深情地写下："感谢3U8633航班的飞行员和空姐，是你们的镇定，创造出了迫降奇迹。为你们点赞！"

2018年6月8日，民航局和四川省政府在成都联合召开表彰大会，授予川航3U8633航班机组"中国民航英雄机组"荣誉称号，授予机长刘传健同志"中国民航英雄机长"称号。

面对突如其来、千钧一发的险情，川航3U8633航班机组临危不乱、果断应对、正确处置，在34分钟惊心动魄的备降过程中展现了高超的技术水平、优良的职业素养，我们从中看到了他们勇当人民生命守护者、敢于战胜一切困难的过硬作风以及功成不居、不矜不伐的高尚情怀！

作为安保工作者不可避免地会面对各种职业风险，请根据"英雄机组"事例谈一谈安保工作者的责任和使命。

徒手防卫与控制篇

模块 2
民航客舱防卫基本技术

知识目标

（1）了解民航客舱防卫基本技术中的人体受击部位与易控关节；
（2）正确认识民航客舱防卫基本技术在民航客舱实际工作中的重要性。

能力目标

（1）熟练掌握民航客舱防卫的功力练习、戒备姿势和常用步法，以及进攻、防守与反击技术；
（2）能够将所学技术在实际执勤过程中依法、合理、灵活运用。

案例导入

据新华社 3 日消息，虽然新疆劫机事件已过数日，但那 22 分钟空中惊魂对机组人员与乘客来说依旧历历在目。

6 月 29 日 12 时 25 分，GS7554 次航班滑向和田机场的跑道，短暂滑行之后起飞。但人们没想到，平静的机舱里，危险正在悄悄临近。几乎没有人注意到，乘客中挂着双拐的残疾人开始拆卸拐杖并分发，暴徒精心策划的劫机行动即将展开……

持拐杖强闯驾驶舱

新华社报道称，12 时 35 分，飞机进入平飞状态后，3 个暴徒手持拐杖中卸下来的铝管奔向机舱门口，撞击驾驶舱门，想强行进入。女乘务长郭佳马上上前制止，被暴徒袭击。见无法进入驾驶舱，其中一名暴徒便使用打火机欲点燃插在瓶子中的导火索。

这时，在前舱的乘客刘会军意识到暴徒要劫机，他猛然跳起，徒手打掉了暴徒手上的打火机。3 名暴徒没能点燃燃爆瓶，恼羞成怒，疯狂合围袭击刘会军。邻座的窦刚贵见状也奋起反击，和刘会军一同与 3 名歹徒展开搏斗。这期间，暴徒不断脚踹机舱门，企图撞开舱门。见习乘务长吕慧及安全员杜岳峰见状冲过来将机舱门扣锁，并与暴徒展开搏斗。

几乎在同一时间，另 3 名暴徒手持铝管和爆燃装置在机舱中部威胁恐吓群众，一面穷凶极恶地大叫"飞机已被我们劫持，谁站起来，就打死谁"，一面对站起来欲反抗的乘客野蛮行凶。

22 民航客舱防卫与控制

乘客殊死搏斗6暴徒

面对暴徒的凶残,乘客意识到是遭遇劫机!随着刘会军、窦刚贵和吕慧的"快起来反抗"的大声呼唤,大家迅速响应,奋不顾身,纷纷同处在机舱不同位置的6名犯罪分子展开了殊死搏斗。

机上,人们纷纷行动起来。同机到乌鲁木齐开会的和田民警吐尔洪•肉孜尼亚孜、陈晓霞等6名公安干警迅速亮明身份,一面全力制服罪犯,另一面维护机舱内秩序,以防止因过度混乱而造成飞机失衡。

机上的少数民族乘客也义愤填膺地对暴徒大声斥责,并勇猛对抗,娜迪热•吐尔逊买买提等乘客积极组织部分乘客解下腰带,捆绑被制服的6名暴徒。

12时47分,在民航部门的指引下,GS7554航班安全返航降至和田机场。此时,飞机上的乘客欢呼雷动,热烈鼓掌并高喊"团结就是力量""我们胜利了",地面公安民警和武警官兵迅速登机将6名暴徒带离,并及时将受伤旅客送往医院救治。

据了解,当事航班上共有91名乘客,其中少数民族乘客27人、汉族64人;机组人员9人,其中安全员2名。

7月1日晚上,记者在新疆军区总医院的病房里见到了还在养伤的刘会军,"6·29"劫机事件成功制服暴徒,他起了关键作用。回忆起飞机上的22分钟,刘会军说:"凡是有正义感和良知的人都会起来与暴徒搏斗,正是因为各族乘客团结一致、勇斗歹徒,才取得了胜利。"

山东巨野的一名旅客的回忆则正好说明机上每一个普通乘客最真实的心态:"看到暴徒想劫持飞机,一下子特别紧张,但我脑子里马上意识到,我不反抗就没命了,就冲上去协助乘警制服了一名歹徒。"

新疆和布克赛尔县的曹靖公回忆当时看到暴徒开始行凶的情况时说:"听到有人喊,冲上去,不能等死,于是空警、几个警察和我们都冲了上去,有人抢棍子、有人抢燃爆瓶,很快把暴徒都制服了。"

重庆市涪陵区的一位姓郑的旅客讲述了一个具体的情景说:"一名维吾尔族的乘客大声喊'拿皮带过来',一下子大家递上去了十几条腰带;暴徒被制服后,旁边的男乘客自发帮助看押……"

(案例来源:旅游中国.曝光"6·29"劫机事件始末:22分钟空中惊魂.http://www.china.com.cn/travel/txt/2012-07/04/content_25808645.htm,2012-07-04)

必备技能

航空安全员或空乘人员在实际工作中虽然很少会遇到类似新疆"6·29"这样的严重暴力犯罪事件,但是一旦出现就将直接影响机上所有人员和整个航空器的人身财产安全,这对航空安全员和整个机组人员来说也是极大的挑战。因此,为了确保航空器和机上所有人员的绝对安全,航空安全员或空乘人员必须要具备客舱防卫中的基本格斗技术,熟悉人体的受击部位及击打效果,掌握人体的主要易控关节,掌握各种戒备姿势和防御手型的实战运用,以及在格斗对抗中的各种进攻和防守反击技术,以便应对类似两人或多人在客舱内的严重暴力犯罪行为。因此,要提高学员客舱防卫与控制的综合实战运用能力,以确保机上所有人员和整个航空器的绝对安全。

2.1 人体受击部位与易控关节

人体的任何部位受到击打时都会出现不同程度的反应,一些要害部位在遭受到猛烈的外力击打后,不但体表组织会遭到破坏,而且内脏器官、神经系统、肌肉组织也会受到重创。如人的头部、面部、颈部、胸部、腰腹部、裆部以及太阳穴、耳根穴等部位神经十分敏感,如果受到强烈的外力击打,人体的某些器官或神经系统会发生功能性障碍,从而造成昏迷、失去知觉甚至死亡。因此,了解人体的受击部位与易控关节是学习防卫与控制技能的首要任务。航空安全员只有了解人体的活动规律,掌握控制关节的内在联系,才能熟练掌握客舱防卫与控制技术。

2.1.1 熟悉人体的受击部位及击打等级

一、人体的受击部位名称

(一)正面主要部位名称

人体正面的主要受击部位有太阳穴、耳部、眼部、鼻部、人中穴、下颌部、咽喉部、锁骨、肩关节、剑突、肋部、上腹部、下腹部、裆部、前臂肌群、大腿肌群、膝关节、胫骨、踝关节,如图2-1-1所示。

(二)背面主要部位名称

人体背面的主要受击部位有耳后、颈部、背肌群、上臂肌群、脊椎、肾部、尾骨、髋骨节、肘关节、腕关节、掌指关节、臀部肌群、小腿肌群、足跟腱,如图2-1-2所示。

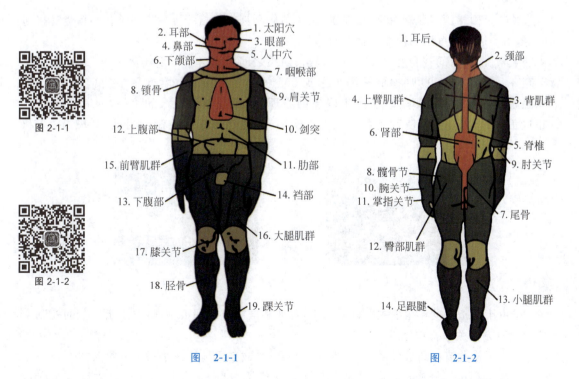

图 2-1-1　　　　　　　　　　　　　图 2-1-2

二、受击部位及击打等级

当人的身体在遭受暴力击打时,会因不同部位及受击力度而产生不同的应激反应及击打效果。依据不同部位、击打效果,可按照图 2-1-1 和图 2-1-2 的颜色标示分成以下三个击打等级以及穴位痛点区。

(1)最低击打等级(绿色区域):这一区域为非要害部位,一般不会致人死亡或重伤,只会造成疼痛和暂时性的轻微伤害。

(2)中等击打等级(黄色区域):这一区域为要害部位,一般不会致人死亡,但可能会造成较为严重的伤害及疼痛,恢复周期也可能长于绿色区域。

(3)最高击打等级(红色区域):这一区域为致命部位,可能导致重伤、昏迷、丧失意识,甚至死亡。重伤的恢复周期往往长于黄色区域,而且可能造成终身残疾。

(4)神经丛痛点区(黑点部位):此区域部位为武力使用等级中最低伤害部位,对这些痛点区域进行适度按压或击打时可产生明显的麻痛感,从而丧失抵抗意识和能力。

 技能训练

此任务主要为理论讲授内容,具体的训练在技能学习和练习过程中进行理论和实践的结合,以亲身的体验感受身体受击部位及各部位的击打等级程度。

2.1.2 掌握人体主要易控关节

关节是格斗制敌或防卫与控制技术中的常用部位。本书主要针对的是民航客舱防卫与控制技术中主要的易控关节部位,下面介绍几个易控关节。

一、指关节

指关节是由指深层肌腱、指浅层肌腱、指关节侧副韧带和指纤维鞘将各掌骨和指骨连接起来的,各指的运动角度因不同个体而略有差异。

一般来讲,拇指的开合度为 50°~60°,其余四指之间的开合度一般不大于 35°。四指向手背上翘,一般为 10°~30°,屈握成拳则可达到 80°~90°。在控制技术运用中,我们利用指关节在超越最大生理活动幅度时会产生剧痛的原理,抓住犯罪嫌疑人的手指,使其指关节强行超过正常的动作范围,使犯罪嫌疑人产生剧痛,以达到将其制控制的目的,如图 2-1-3 和图 2-1-4 所示。

图 2-1-3

图 2-1-4

(1)由于手指的动作角度主要以屈为主,背伸和侧屈范围都很小,故对于指关节的控制主要应迫使对方指关节背伸、侧屈。

(2)由于指关节小巧且灵活,在实战中不易掌握,故准确地抓握手指十分紧要。

(3)注意利用杠杆原理。我们知道杠杆原理包括力点、支点和阻力点三大要素。支点

尽可能靠近神经最敏感、结构最薄弱的痛点。这个痛点实质上就是阻力点(如掌指关节),而力点则最好离支点稍远一些(如指关节的末端)。力点和支点的反向作用,就可重创对方痛点。

(4)注意要遵循好施展技法、好用劲的原则,尽可能向对方不好逃脱、运动不便的方向用力,如图2-1-5和图2-1-6所示。

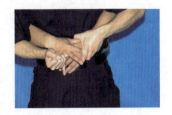
图 2-1-5

图 2-1-6

二、腕关节

腕部主要由桡尺远侧关节、桡腕关节和腕掌关节所组成。腕骨由8块小骨构成,骨与骨之间都是依靠韧带来连接的。腕关节的活动范围很大,能做前屈、背伸、内收、外展和旋转等运动。但由于骨与骨之间完全靠韧带连接(此处肌肉很薄弱),故在外力压迫和打击下,极易超出其正常的生理活动范围,造成韧带撕裂、脱臼,甚至骨折。腕关节主要运动轴的活动范围为:前屈、背伸、旋内和旋外。

前屈:一般可达70°～80°,是腕关节活动度最大的一个面。在控制腕关节时,通常以其手腕关节为支点,按压对方手背掌指关节,使其腕关节的活动幅度超越70°～80°的临界点,以至于手腕产生剧痛。一般对类似的手腕控制都需要先将其肘关节固定住,如图2-1-7所示。

背伸:一般可达55°～75°,也属腕关节活动度较大的一个面。在对手腕的控制技术中,背伸的作用效果没有前屈明显,但如果运用得当,也会产生惊人的效果。背伸常见的方法是利用犯罪嫌疑人在抓拿或拉扯身体某部时所产生的作用力,将他的抓拿点作为支点,再运用自己手或身体某部作为力点,运用最适宜的方法,施力于对方腕关节运动幅度最小、神经最敏感的阻力点后牵带或逼压。在这项控制技术中,一定要保证迫使关节已超出其生理运动极限后,迫使对方完全丧失回旋的余地,如图2-1-8所示。

图 2-1-7

图 2-1-8

腕关节侧屈一般只有15°,手腕旋外及旋内时(即左右旋转)则会引起尺、桡骨互相拧绞,会使上肢运动受到相互牵制。所以,侧屈、旋外和旋内的运动幅度都较小,容易接近死点,且神经敏感,痛觉神经丰富。特别是旋内和旋外时,在外力的作用下,被牵扯的肌腱数量越多,疼痛感就越强。在控制技术运用中经常采用双手抓腕快速外旋,使犯罪嫌疑人倒地,如图2-1-9～图2-1-11所示。

图 2-1-9　　　　　　　　　图 2-1-10　　　　　　　　　图 2-1-11

三、肘关节

肘关节是比较薄弱的关节。关节囊内由肱骨、桡骨、尺骨共同构成的,可分为肱尺部、肱桡部和桡尺部3个部分。肘关节向体内侧屈,可以达到160°～170°,是活动幅度最大的一个方向,在控制技术中,一般不会向这个方向施力。而肘关节的外伸角度却极小,实战中,经常会因外力的撞击(固定腕部,对肘尖加压或撞打),使肘关节脱臼或韧带拉伤、鹰嘴骨折等。因此,对肘关节这个位置的施力控制是安保徒手控制技术的重点。这种方法的控制一般都以对方的肘部为支点,以手腕为力点,使其肘关节接近死点,产生剧烈疼痛。需要注意的是,抓握对方手腕的位置必须在其肘窝同一个平面,如果抓握位置不正确、不及时或稍过点,都会导致最佳力点的错过而使效果大幅减弱。还有一种方法是力点直接作用于阻力点(肘关节),使其手腕固定于自己的肩膀上,迫使对方肩肘关节接近死点,产生剧痛而不能反抗,即反关节控制,如图2-1-12和图2-1-13所示。

肘关节上屈的活动度一般为100°～120°,在实战中,也很少直接用上屈来控制对方。但是上屈时较易控制肘关节,所以经常采用先让对方上屈,再向外翻的方式,使其立肘时后倒。此时,肘关节的活动幅度仅有10°～15°,屈肘别臂时的肘关节上扳的活动幅度也只有15°～20°。在控制肘关节时,从对方外拐上挺、立肘外翻、屈肘别臂上扳这几个方面发起进攻,控制才显得有效,如图2-1-14所示。

  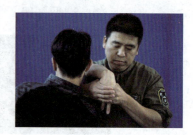

图 2-1-12　　　　　　　　　图 2-1-13　　　　　　　　　图 2-1-14

四、肩关节

肩关节是人体活动范围最大的关节,能做到内收、外展、前屈、后伸及旋转等运动。正因为它的活动范围大,又属典型的球窝关节,所以也最容易受伤,如用较大力量左右拧转或向后扳动超过正常生理极限,就会造成脱臼或韧带撕裂。肩关节控制的重点在于倒地时的控制,一般来说,肩关节前屈的幅度为160°、水平屈135°、背伸50°、外展170°、内收50°,外展时的内旋幅度为70°、外旋幅度为90°。倒地后的控制主要是后伸临界点的推按控制和外展临界点的推按控制。后伸的幅度为53°左右,如果欲控制对方,必须将其手臂向背伸方向推按,使其肩关节的背伸幅度超越临界点,产生剧痛,如图2-1-15～图2-1-17所示。

图 2-1-15

图 2-1-16

图 2-1-17

肩关节外展的活动幅度为170°(倒地后是80°),如欲控制对方不仅需要将其右手向身体左侧推按,使其外展活动幅度超越170°而产生剧痛,还要确保抓握手腕位置正确,必须使肘关节成反关节控制,才能达到控制的效果。

直臂按压手腕并外旋(此时其肩关节外展时外旋的活动幅度为90°)使上肢运动受到相互制约,手臂应有的能力及其他方面的抵抗能力必定丧失,如图2-1-18和图2-1-19所示。

五、颈椎

颈椎是联结人体躯干和头颅的主要关节,也是颈部联结胸部的要害部位。它能前屈、后伸和左右转动。颈椎的前屈、后伸分别为45°,前屈、后伸运动是上一椎体向内下的下关节面与下一椎体向后上的上关节面前后滑动的结果。过度前屈受后纵韧带、黄韧带、项韧带和颈后肌群的限制,过度后伸则受前纵韧带和颈前肌群的约束。颈椎的屈伸活动主要由第2～7节完成,左右侧屈各为45°,主要依靠对侧的关节囊及韧带限制过度侧屈。侧屈主要由中段颈椎完成。左、右旋转各为45°,主要由颈椎第1关节、第2关节来完成。当颈椎损伤时,会引起颈段脊髓损伤,还会引起膈肌瘫痪,使人不能维持呼吸,造成窒息而死亡。如颈椎受力被扳拧,很容易造成骨折、脱位,压迫脊髓神经,引起四肢麻痹、高位截瘫,如图2-1-20所示。

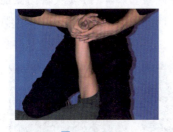
图 2-1-18

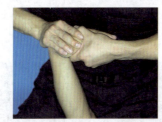
图 2-1-19

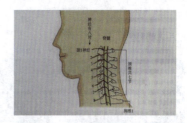
图 2-1-20

此任务主要为理论讲授内容,具体的训练,教师可在技能学习和训练过程中将理论和实践相结合,以使学员切身体验和感受身体易控关节的受制程度。

2.2 功力练习

2.2.1 身体硬度的功力练习

一、前臂硬度的练习

(一)自我磕臂练习

学员双手握拳,两臂屈肘交叉置于体前,然后两臂相互磕碰数次,里外交替进行,如图 2-2-1 和图 2-2-2 所示。

(二)自我敲打练习

学员双手握拳放于体侧,向左转身的同时两臂逆时针旋转,以大臂带动小臂,右拳向左上以拳心敲击自己的左侧胸部,同时左臂向后以拳背敲击自己的腰背部,敲击的同时屏住呼吸;随后向右转身的同时两臂顺时针旋转,左拳向右上以拳心敲击自己的右侧胸部,同时右臂向后以拳背敲击自己的腰背部,如图 2-2-3 和图 2-2-4 所示。依次交替进行练习。

图 2-2-1　　　　图 2-2-2　　　　图 2-2-3　　　　图 2-2-4

(三)双人磕臂练习

2 名学员面对面站立,相距约一臂距离,双方同时左转体,带动右臂内侧前摆相磕于腹前,之后右臂顺势由下向上向右摆以右臂外侧相磕于面前,然后双方同时右转体,带动左臂内侧前摆相磕于腹前,之后左臂顺势由下向上向左摆以左臂外侧相磕于面前,如图 2-2-5～图 2-2-8 所示。两臂交替进行练习。

图 2-2-5　　　　图 2-2-6　　　　图 2-2-7　　　　图 2-2-8

二、胫部硬度的练习

(一)踢击硬物

学员可用胫部踢击硬度较大的沙包、沙人等物品,以提高小腿胫骨的硬度,如图 2-2-9 和图 2-2-10 所示。

要求:在练习过程中,学员切记不要在一开始就猛冲猛打,这样容易伤及胫骨,应根据胫骨的适应程度逐渐加大力量。

方法:3~5分钟一组,共三组,左右腿交替进行。

练习强度:中度。

(二) 滚搓胫部

以直径为3~5厘米、长为40~60厘米的木棍或其他硬物滚搓胫部,如图2-2-11所示。

图 2-2-9

图 2-2-10

图 2-2-11

要求:先搓后滚。力量由轻到重,根据胫骨的适应度而逐渐加大。

方法:先轻搓胫部,使其发热,然后进行滚压。3~5分钟后再进行搓揉数次,然后再继续滚压数分钟。如此反复数次,左右腿交替进行。

(三) 敲打胫部

以直径为3~5厘米、长为40~60厘米的木棍或其他硬物敲打胫部,如图2-2-12所示。

要求:先敲后打。力量由轻到重,根据胫骨的适应度而逐渐加大。

方法:先以拳或掌敲打胫骨及小腿肌肉,待麻木后再用木棍或其他硬物进行敲打数分钟。

图 2-2-12

技能训练

一、徒手练习

学员可在实训馆场地内成体操队形散开,集体进行自我磕臂练习和自我敲打练习,也可两人一组进行双人磕臂练习。教师统一组织,固定次数和组数。

二、器械练习

学员可在实训馆场地内成体操队形散开,每人手持木棍或其他硬物进行滚搓或敲打练习,或两人一组互相进行滚搓或敲打练习,也可分组进行踢打硬度较大的沙包或两人一组进行踢打沙人练习。教师统一组织,固定次数和组数。

2.2.2 抗击打能力的功力练习

一、自我拍打

自我拍打练习,即学员戴上拳套自己对全身各部位进行敲击、拍打的一种练习。它可以唤醒各机体的神经末梢组织,促进血液循环,增强身体的抗击打能力。

二、双人击打练习

(一) 击打头部(图 2-2-13 和图 2-2-14)

图　2-2-13

图　2-2-14

(二) 击打胸部(图 2-2-15 和图 2-2-16)

图　2-2-15

图　2-2-16

(三) 击打腹部、肋部(图 2-2-17 和图 2-2-18)

图　2-2-17

图　2-2-18

三、双人踢打练习

(一) 踢打腿部(图 2-2-19 和图 2-2-20)

图　2-2-19

图　2-2-20

（二）蹬踹胸腹部（图 2-2-21～图 2-2-24）

图　2-2-21

图　2-2-22

图　2-2-23

图　2-2-24

（三）踢打胸腹部、背部（图 2-2-25 和图 2-2-26）

图　2-2-25

图　2-2-26

四、撞击练习

（一）沙包撞击胸部、背部的练习（图 2-2-27 和图 2-2-28）

图　2-2-27

图　2-2-28

（二）双人撞击胸部、背部练习（图 2-2-29 和图 2-2-30）

图　2-2-29

图　2-2-30

（三）双人撞肩练习（图 2-2-31 和图 2-2-32）

图　2-2-31

图　2-2-32

（四）背撞墙练习（图 2-2-33）

【重点提示】　在进行身体各部位抗击打能力的功力练习过程中，首先要注意击打力不要过大、过猛，否则容易使机体或骨骼受到损伤，力度的大小应随着机体适应能力的增强而逐渐加大。其次，在受击打的部位遭受攻击的同时，学员要注意闭气，使机体处于紧张保护状态。最后，注意力应高度集中，不可麻痹大意。

图　2-2-33

一、单人练习

学员可在实训馆场地内成体操队形散开，按照教师提出的拍打力度、部位和数量要求，戴上拳套自己对全身各部位进行敲击、拍打练习，也可分组进行沙包撞击胸部、背部或撞墙练习。

二、双人配合练习

学员可在实训馆场地内两人一组进行练习，按照教师提出的力度、部位和数量等要求，戴上拳套和相关防护器材双人配合进行互相击打、踢打相关部位，或双人撞击相关部位练习。可多组同时进行练习。

2.2.3　打击力量的功力练习

一、打沙包练习

打沙包练习是学员用来增强打击力量使用较多的一种练习手段。它对于提高学员的打击力量有着非常显著的效果。由于练习的目的不同,故在沙包的大小、质地的选择上也有所区别,但其要求是相同的。现做简要说明如下,以防止出现偏差。

(1) 在进行打沙包练习之前,一定要将自身的打击部位加以保护,如戴好拳套、护脚背等,以防止击打部位的表皮损伤,影响练习。

(2) 打沙包时,要注意动作方法的准确性与合理的发力顺序,以防关节挫伤。

(3) 在打沙包过程中,要结合实战对抗需要,不能一味地瞎打猛打,造成练习与实战对抗脱节。

(4) 沙包重量的选择,应根据自身的训练水平而定。重量的增加要循序渐进,重量过重会起到相反的作用。

(5) 沙包的松软度要适度,不能过硬。由于人体的自我保护作用,打过硬的沙包,将影响练习的爆发力。

二、打墙靶练习

打墙靶练习,是为提高学员打击力量而采用的一种较简便的练习方法。学员主要以拳腿法击打固定在墙上或沙包架上的靶子,尤其是直线型拳腿法的进攻动作效果最佳。

武术传统训练方法中有"打千层纸"的练习,其实也是一种打墙靶的练习,它对于增强学员各种拳腿法的打击力量有一定的效果,而且对增强拳腿的硬度也有一定的作用。

三、摔打沙人练习

摔打沙人的训练主要用于提高学员摔打结合的能力,同时对于发展学员的腰腹力量和腿部力量也有着较好的效果。两人一组进行练习,两个沙人间相距约3米,学员抱起一侧的沙人做过胸摔或过背摔练习,另一名学员在3米外另一侧扶住另一个沙人,学员摔完沙人后跑到另一侧沙人处以鞭腿踢打沙人10次,随后再跑回原处抱起沙人再做另一侧的过胸摔或过背摔,之后再去踢打另一侧的沙人,如图2-2-34~图2-2-39所示。以此反复进行练习,摔沙人和踢打沙人各6~8次为一组。

图 2-2-34

图 2-2-35

图 2-2-36

图 2-2-37

图 2-2-38

图 2-2-39

四、连续打靶练习

连续打靶练习，是在规定的时间内，以最快的速度、最大的力量使用拳、掌、肘、膝、腿法打靶的一种练习方法。这一练习对学员的力量、速度和耐力以及心肺功能都有着较高的要求和挑战，锻炼学员在身体处于极限运动的状态下能够凭意志继续坚持对抗练习的能力，以提高身体运动极限能力。

 技能训练

一、单人练习

学员可在实训馆场地内分组进行练习，可以将沙包、墙靶为练习目标，按照教师提出的力度和数量要求，戴上拳套对目标进行拳打、脚踢练习。也可采用 Tabata 训练法或 HIIT 训练法。

二、双人配合练习

学员可在实训馆场地内两人一组进行练习，可以沙人、拳靶或脚靶为练习目标，按照教师提出的力度和数量要求，戴上拳套对目标进行拳打、脚踢或摔打练习。可多组同时进行，也可采用 Tabata 训练法或 HIIT 训练法组织练习。

2.2.4 手腕部的功力练习

一、抓拧练习

【动作要领】 两人自然面对站立，双脚开立，与肩同宽。对手用直拳、劈掌或各种不同类型的拳法击打，或者抓拿我方手腕；我方将被抓之手，由内向上、向外反切解脱，也可手臂旋转，五指用力反刁抓扣其腕部扭拧、拽捋、折转、锁扣，如图 2-2-40～图 2-2-43 所示。

【要领提示】 练习时左、右手交替反复练习，增强手指、手腕的力量，为进一步练习应用技术打下良好基础。

图 2-2-40

图 2-2-41

图 2-2-42

图 2-2-43

二、攥腕练习

【动作要领】 两人右脚在前侧身相对站立，间隔约一脚掌距离。对方以右手抓握我方右手腕，我方手臂由下向内向上呈立圆画弧反抓对方右手腕，对方再以同样技术动作反抓我方手腕，如图 2-2-44～图 2-2-47 所示。

【要领提示】 练习时左、右手交替反复练习，增强手腕力量，同时为练习手腕抓握与解脱技术奠定基础。

模块2 民航客舱防卫基本技术 | 35

图 2-2-44　　　　　　　　　图 2-2-45

图 2-2-46　　　　　　　　　图 2-2-47

三、拧卷重物练习

【动作要领】 用绳子系好一定重量的物体,如哑铃或杠铃片等,绳子的另一端系在一个短棍中间,学员双臂平举,双手抓握短棍,使其离地悬垂,然后以腕关节为轴,向上拧卷重物,到达一定高度时,再使重物缓缓下落至还原,如图 2-2-48 和图 2-2-49 所示。

【要领提示】 练习时的重量要由轻到重、循序渐进,拧卷要一气呵成,下落一定要缓缓,不要成自由落体状。坚持练习可有效增强手指、手腕和小臂肌群的力量。

四、屈腕练习

【动作要领】 学员坐在凳子或瑞士球上,两脚分开略比肩宽,双肘放在大腿上,双手反握杠铃或两手分别持一个哑铃,掌心向前,身体略微前倾,两手交替使用前臂屈肌,以腕关节为轴缓慢地将杠铃或哑铃提至膝盖上方,后背保持挺直,静止 1～2 秒后缓慢还原,如图 2-2-50 和图 2-2-51 所示。

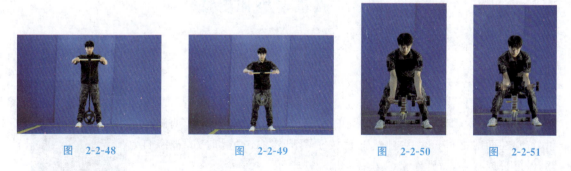

图 2-2-48　　　　图 2-2-49　　　　图 2-2-50　　　　图 2-2-51

【要领提示】 练习时的重量要由轻到重、循序渐进,哑铃要握紧,双手以腕关节做屈伸运动时要缓慢,尤其下落时要给杠铃或哑铃一定的阻力,不要让杠铃或哑铃成自由落体状下落,以免手腕受伤。坚持练习可有效增强手腕和小臂前臂屈肌的力量。

五、伸腕练习

【动作要领】 学员坐在凳子或瑞士球上,两脚分开略比肩宽,双肘放在大腿上,双手正握杠铃或两手分别持一个哑铃,掌心向后,两手交替使用前臂伸肌,以腕关节为轴缓慢地将哑铃提至膝盖上方,静止1~2秒后缓慢还原,如图2-2-52和图2-2-53所示。

图 2-2-52　　　　　　　　　图 2-2-53

【要领提示】 练习时的重量要由轻到重、循序渐进,哑铃要握紧,双手以腕关节做伸屈运动时要缓慢,尤其下落时要给杠铃或哑铃一定的阻力,不要让杠铃或哑铃成自由落体状下落,以免受伤。坚持练习可有效增强手腕和小臂前部伸肌的力量。

一、单人练习

学员可在实训馆场地内或器械训练馆进行拧卷重物、屈腕和伸腕练习,5~6人为一组,组内学员循环进行练习,每组做8~12次,练习3~5组,组间间歇1分钟。每项练习结束后再互相交换项目进行练习。教师可根据课程实际做适当调整。

二、双人配合练习

学员可在实训馆场地内两人一组进行练习,按照教师提出的力度和数量等要求,自行进行抓拧、攥腕练习。可多组同时进行练习。

2.3　戒备姿势和步法

2.3.1　常用戒备姿势及使用

一、自然戒备

【动作要领】 两脚前后开立,与肩同宽或略宽于肩,两脚呈斜前方30°~45°,前脚的脚尖与后脚的脚跟前后划线约在一条直线上,两腿微屈,重心在两腿之间。两手自然下垂放于两腿外侧,目视前方,神态自然,保持警戒状态,做到外松内紧,如图2-3-1所示。

【自然戒备的使用】 航空安全员在客舱内进行原地或移动巡视时应该使用自然戒备姿势。按照防卫与控制技能在实战应用中的武力升级原则,如果犯罪嫌疑人仅表现为心理抵触,并没有语言的抗拒,应该使用自然戒备姿势。

图 2-3-1

二、搭手戒备

【动作要领】 两脚前后开立,在侧身自然戒备姿势的基础上,右手在里,右手掌放于小腹部,左手在外握住右手腕,目视前方,神态自然,保持警戒状态,做到外松内紧,如图 2-3-2 所示。

【搭手戒备的使用】 航空安全员在客舱内对实施约束人员进行监控时,应使用搭手戒备姿势。按照防卫与控制技能在实战应用中的武力升级原则,当犯罪嫌疑人出现语言抗拒时应该使用搭手戒备姿势。

三、提手戒备

【动作要领】 两脚前后开立,在侧身自然戒备姿势的基础上,双臂自然上举,屈臂沉肘,双手成掌,掌心向前。右掌放于下颚前侧,右臂夹角为 30°～45°,右臂贴紧肋部;左掌约与鼻梁、下颚处同高,左臂夹角为 45°～90°。两眼目视前方,保持警戒与防护状态,如图 2-3-3 和图 2-3-4 所示。

图 2-3-2

图 2-3-3

图 2-3-4

【提手戒备的使用】 按照防卫与控制技能在实战应用中的武力升级原则,当犯罪嫌疑人在客舱内与机组人员或乘客出现消极抵抗或顽强抵抗时需要使用提手戒备姿势,以防止其出现殴打他人等伤害他人的行为。

四、格斗戒备

格斗戒备是进入对抗前的准备姿势,简称格斗势。它可有多种表现形式,在此我们仅把带有普遍意义的姿势作为标准的教学范例来进行讲解。

【动作要领】 以对方正面为参照物,侧身站立。两脚前后开立与肩同宽或略宽于肩,两脚角度斜前方为 30°～45°,前脚的脚尖与后脚的脚跟前后划线约在一条直线上,如图 2-3-5 所示。收腹含胸,收下颌,两腿微屈,两膝盖微内扣,重心在两腿之间。双臂自然上举,屈臂沉肘,双手呈半握拳。右拳贴于右下颌部,右臂贴紧肋部,左拳约与鼻梁、下颚处同高,左臂夹角为 45°～90°。两眼目视前方,全身自然放松,呈弹性状态,如图 2-3-6 所示。

图 2-3-5

图 2-3-6

【动作要点】

（1）两脚不在一条直线上，这样一是利于保持身体重心稳定，二是利于后手重拳、重腿的发力。

（2）重心在两脚的前脚掌上，要随时处于待发状态，便于攻防和转移。

（3）两肘自然下垂能有效地保护自己的两侧肋部，下颌微收以增强自己头部的抗击打能力。

【格斗势的使用】　按照防卫与控制技能在实战应用中的武力升级原则，当犯罪嫌疑人在客舱内已经出现殴打他人的暴力行为或致命攻击时，需要使用格斗势。格斗势具有以下作用。

（1）便于进攻：格斗对抗中，必须准确把握进攻时机。这除了需要娴熟的技术、灵敏的反应和必备的身体素质外，格斗势的正确与否对运用技术的效果至关重要，它主要表现在使用动作前把身体各部位调整到适于发动进攻的协调状态，从而达到使用攻防动作突然、快速、连贯、有效击中目标的目的。

（2）便于防守：正确的格斗势不会造成顾此失彼的状况，总是能够事先兼顾到自身所需防守的各个部位，以及在防守时表现出最佳的能力和效果，并能及时地处理好防守后迅速转入进攻的关系。

（3）便于移动：格斗对抗中，要不断地根据双方的势态及攻防技术的特点和要求，在不同的情况下迅速地变换体位与方位。这就要求格斗势的重心不宜过低，基底范围不宜过大，身体重心应在人体中轴线周围游离，无论是前后移动，还是左右移动，都要做到等长距离的移动，无明显的重心变化，并且使身体始终处于待发状态，以增加移动时启动的突然性。

一、信号练习

学员可在实训馆场地内成体操队形散开进行练习。教师以口令或图片信号指挥学员进行4种戒备姿势的练习；学员根据教师的指令快速反应，并做出正确的戒备姿势。锻炼学员的反应意识和快速完成戒备姿势的能力。

二、双人配合练习

学员可在实训馆场地内两人一组进行练习，一名学员为操作手，另一名学员为配手。操作手以查验配手的身份证明为背景，与配手保持相应的距离，并根据配手的言行举止，快速反应做出相对应的戒备姿势，并保持相对安全的距离。

2.3.2　常用步法及应用

在格斗对抗中，无论是对峙、进攻或防守，都是通过身体的移动来调节自己与对手之间的最佳位置，以此来达到进攻或防守的目的。而身体位移的变化，首先是步法的移动，拳谚道："以步为先"，也就是这个道理，所以说步法是格斗训练的重要过程。

步法运用的总体要求是"快""灵""变"。"快"是指步法移动要迅速；"灵"是指步法移动要轻灵、有弹性、不僵滞；"变"是指步法在运动中要随机应变，转换自如。

一、前疾步

前疾步通常又称前滑步，常用于格斗对抗的主动进攻技战术中。

【动作要领】 格斗势或提手戒备站立,左脚向前上步的同时,右脚蹬地催左脚,左脚向正前方贴地面快速滑行约一步,右脚随即跟上呈格斗势或提手戒备状态,如图 2-3-7～图 2-3-10 所示。注意：左脚上多少,右脚跟多少。

图 2-3-7　　　　图 2-3-8　　　　图 2-3-9　　　　图 2-3-10

二、后疾步

后疾步通常又称后滑步,常用于格斗对抗的防守反击技战术中。

【动作要领】 格斗势或提手戒备站立。右脚向后撤步的同时,左脚向后蹬地催右脚,右脚向正后方贴地面快速滑行约一步,左脚随即后撤呈格斗势或提手戒备状态,如图 2-3-11～图 2-3-14 所示。注意：右脚撤多少,左脚跟多少。

图 2-3-11　　　　图 2-3-12　　　　图 2-3-13　　　　图 2-3-14

三、左侧闪步

【动作要领】 格斗势站立。左脚向左前方上步的同时,右脚蹬地催左脚,左脚向左斜前方贴地面快速滑行约一步,右脚随即跟上呈格斗势状态。与目标成 30°～45°,如图 2-3-15～图 2-3-18 所示。

图 2-3-15　　　　图 2-3-16　　　　图 2-3-17　　　　图 2-3-18

四、右侧闪步

【动作要领】 格斗势站立。右脚向右前方上步的同时,左脚蹬地催右脚,右脚向右斜前方贴地面快速滑行约一步,左脚随即跟上呈反架格斗势状态。与目标成 30°～45°,如图 2-3-19～图 2-3-22 所示。

图 2-3-19

图 2-3-20

图 2-3-21

图 2-3-22

一、信号练习

学员可在实训馆场地内成体操队形散开或行进间进行练习。

(1)教师可组织进行单一技术练习,如前疾步,可以口令或哨音指挥行进间练习。

(2)也可前疾步、后疾步结合进行练习:口令 1 为前疾步、2 为后疾步,可按规律以口令指挥练习,也可随机下达口令指挥练习,或以手势指挥练习,达到锻炼学员的反应意识和快速移动能力的目的。

(3)四种步法结合进行练习:口令 1 为前疾步、2 为后疾步、3 为左侧闪步、4 为右侧闪步。教师下达口令 1 后,学员做前疾步;下达口令 2 后,学员做后疾步;下达口令 3 后,学员做左侧闪步,随后再恢复到原位;下达口令 4 后,学员做右侧闪步,随后再恢复到原位。可按口令 1～4 的顺序指挥练习,也可随机下达口令指挥练习,以锻炼学员的快速反应意识和快速移动能力。

二、双人配合练习

学员可在实训馆场地内两人一组行进间练习。两人格斗势相对而立,进攻一方做前疾步进攻,后退一方做后疾步防守;也可一名学员做前疾步进攻,另一名学员做左侧闪步或右侧闪步或后疾步防守。

2.3.3　常用防御手型及应用

在格斗对抗过程中,最难的是要瞬间对对方的攻击动作做出正确的判断,从而进行有效的防守反击。未经训练者,通常情况下会陷入手足无措,不知该如何应对的尴尬处境。也就是说,对抗时的神经反射系统必须经过几百次、上千次的不断练习才能逐渐形成,而在有限的课时里快速掌握有效的防守技术是我们寻求的目标。掌握一种简单易学、合理有效的防御手段,既能在突如其来的攻击时免遭伤害,又能遏制对方的攻击,破坏其平衡,从而取得近距离击打控制的目的。

一、双手成×型交叉防御手型

【动作要领】 在防备状态或未防备状态下,当突然被对方以右直拳攻击面部时,应迅速将双手交叉成×型,同时上步贴靠对方,用左手臂顺势下压对方的右直拳,用右手攻击对方胸腹部及颈面部之间,如图 2-3-23～图 2-3-25 所示。

图 2-3-23　　　　　　图 2-3-24　　　　　　图 2-3-25

【动作要领】　在防备或未防备状态下,突然被对方以右手摆拳攻击面部时,应迅速将双手交叉成×型,上步贴靠,身体前冲,右手肘关节直接攻击对手胸部或面部,如图 2-3-26 和图 2-3-27 所示。

图 2-3-26　　　　　　　　　　图 2-3-27

交叉防御手型的优点是被对方攻击时,不必刻意去判断对方进攻的拳法再做出相应的防守反应,否则,既不能保证有效的防御,又会因为思维和行动没有达到高度结合而顾此失彼,贻误战机。另外,交叉防御手型可以破坏攻击者的平衡,为下面的攻击与控制做好铺垫。

二、360 防御手型（格挡加攻击性防御手型）

【动作要领】　在防备或未防备状态下,突然被对方以摆拳、勾拳或持刀械从不同方向自上而下、由左至右、由右至左或自下而上以各种弧线型拳打、劈刺、划割或挑刺的方式向身体不同部位进行正面袭击时,应快速准确判断并做出的正面防御手型。360 防御手型是防御者通过上臂位置的改变与肘关节角度的不断变化,利用身体向前的冲量加手臂的力量,以小臂尺骨进行格挡的一套防御手型。当一侧手臂在做格挡的同时,另一侧手臂以右掌根向前上方推击对方下颚或鼻梁处,或以直线型的立拳寸力击打对方的胸口或面部,以使对方暂时性地失去反抗或再次攻击的能力,如图 2-3-28～图 2-3-30 所示。

图 2-3-28　　　　　　图 2-3-29　　　　　　图 2-3-30

三、头盔式防御手型（抱头顶肘）

【动作要领】　当近距离(1 米左右)突然遭遇直拳或摆拳攻击时,应左脚在前,迅速将右手横架于前额,同时左手屈肘并用左手护住自己的头部后侧,右手搭于左手的肘关节。当受到攻击时向前冲击,同时可用左顶肘攻击对手胸部,如图 2-3-31～图 2-3-38 所示。

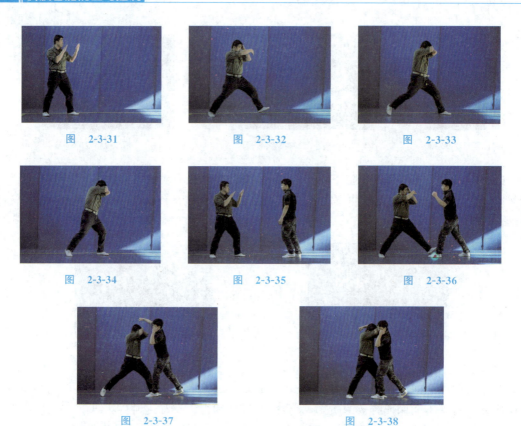

图 2-3-31　　　　　图 2-3-32　　　　　图 2-3-33

图 2-3-34　　　　　图 2-3-35　　　　　图 2-3-36

图 2-3-37　　　　　　　　　图 2-3-38

头盔式防御手型的优点与×交叉防御手型相似。

四、跳水式防御手型

【动作要领】 当中距离（1.5米左右）突然遭遇对方用拳头攻击面部时，应迅速双手水平成掌（双掌重叠）双臂前伸向前大力推出，双臂贴于头部两侧，尽量使头部与双臂形成水平位置，身体重心前移，以最快的速度贴近对方的身体或是压制对方的攻击手臂，使其手臂不能完全伸直，以减弱其攻击能力，如图 2-3-39～图 2-3-46 所示。

图 2-3-39　　　　　图 2-3-40　　　　　图 2-3-41

图 2-3-42　　　　　图 2-3-43　　　　　图 2-3-44

模块2 民航客舱防卫基本技术

图 2-3-45

图 2-3-46

一、学员一对一配合练习

学员可在实训馆场地内两人一组进行练习,一名学员为操作手,另一名学员为配手。教师下达指令后,配手一方上前欲使用拳法攻击操作手一方的头部,操作手按照要求使用指定的防御手型进行防守。教师以口令指挥学员进行训练,可多组同时进行练习。

二、学员一对一反应练习

学员可在实训馆场地内两人一组进行练习,一名学员为操作手,另一名学员为配手。教师下达指令后,配手一方上前欲随机使用任何拳法对操作手一方的头部进行无规律的攻击,操作手一方应快速反应,迅速做出正确的判断并使用合理的防御手型进行防守。可多组同时进行练习。

三、学员多对一反应练习

学员5~6人为一组,在实训馆场地内进行练习,一名学员为操作手,其他学员为配手,操作手将眼睛闭上做跨立式提手戒备,配手学员围成圈将操作手围在中间,与操作手保持约1.5米的距离,配手围着操作手顺时针或逆时针移动。教师随机下达指令后,配手开始移动,其中一名配手上前用手拍击操作手的胸肩部或背部,给对方一个信号,操作手迅速睁开眼睛根据拍击的部位做出正确的判断后转身面向该名配手,随即这名配手随机使用任何拳法对操作手一方的头部进行无规律的攻击,操作手迅速做出正确的判断并使用合理的防御手型进行防守。每名配手进攻一次后,操作手与其中一名配手进行交换,依次循环进行练习,直至每名学员作为操作手练习完毕为一组。可多组同时进行练习。

2.4 进攻技术

2.4.1 拳法技术

拳法技术是格斗技术体系的重要组成部分,是中距离和近距离的主要进攻手段,常用基本拳法主要包括直拳、摆拳、勾拳。拳法作为进攻技术在运用中需遵循以下几点原则。

(1)随步进攻:用拳法击中对手不是仅靠上肢的放长,还要靠步法的接近。所以在一般情况下拳法攻击要伴随步法的移动,以稳定身体重心,调整有效距离,发挥出全身协调用力的效果。

(2)蹬转传递:出拳的力量来自后脚的蹬地,然后转髋带动转(压)肩、送臂出拳,在击中对方的瞬间产生制动。整个力的表现是一个由脚到拳的协调和快速的传递过程。

(3)重心稳定:出拳后出拳臂的肩关节的垂直线任何时候都不得超过自己前腿的脚踝关节,以防破坏自身的稳定。

（4）松紧结合：出拳击中对方的瞬间要突然握紧拳，击中后随即放松。拳的出击与回收应是一个完整的发力过程，表现出弹性状态。

（5）攻防兼顾：出拳后要迅速收回到下颌，做好防守和再次进攻的准备。

一、直拳

直拳是格斗技法中重要拳法之一，属直线型进攻拳法，动作特点为直打直收、快打快收。它预兆小、动作突然、力量大，是进攻性很强的拳法。

（一）左直拳

左直拳也叫前手直拳，它速度快、变化多，即可主动进攻，又可防守反击，但更多采用灵活多变的方法来干扰对方以及配合其他技术进行组合攻击。

【动作要领】 格斗势站立，右脚蹬前脚撑，拧腰转胯，身体略向右转，左肩前移；上臂催前臂，拳内旋，向两眼正前方快速击打出去，力达拳面，如图 2-4-1 和图 2-4-2 所示；身体左转，沉肘，动作还原。

图 2-4-1

图 2-4-2

【动作要点】

（1）出拳时不得有回拉现象，以免暴露动作意图。

（2）出拳时要以肩催臂动，而不能以肘为轴出现敲打现象。

（3）出拳时防止出拳臂翻肘，形成横向出拳的动作。

（4）出前手拳的同时，后手不可有后张反拉的动作出现。

（5）出拳要直出直收、快出快收，避免出现"臂撑""推拳"的现象。

（6）无论你出击哪一种拳法，另一侧必须呈防守状态，即：拳，贴紧下颌；臂，贴紧软肋，做到攻中有防。保持此良好的姿态，可避免头部遭受打击。

（二）右直拳

右直拳具有出拳快、力量大且隐蔽性强等特点。

【动作要领】 格斗势站立，后脚蹬地并以脚前掌为轴向内扣转；随之合髋转腰压肩向左转动；上臂催前臂，拳内旋，向正前方直线出拳，力达拳面，目视前方，如图 2-4-3～图 2-4-6 所示；身体右转，沉肘，动作还原。注意，出拳同时前手拳收回至左下颌，肘部自然弯曲贴于左肋部。

【动作要点】

（1）后手直拳完成时，从正面看，向内转扣的后大腿应垂直于地面，这样蹬地的最大反作用力才能传递至拳面。

（2）从侧面看，两腿之间应与身体中心线形成一定角度，不然则破坏了力的完整性。

（3）出拳时要避免耸肩、转体不到位等动作，以致出现抖肘关节的现象。还应避免出拳时向下蹲的现象，这些都会影响击打的速度和力度。

图 2-4-3　　　　　图 2-4-4　　　　　图 2-4-5　　　　　图 2-4-6

二、摆拳

摆拳是弧线型进攻拳法,分为左、右摆拳两种,在相互的连续击打中使用率较高。由于摆动幅度大,所以击打力量很大,但也因幅度大和运行路线长,使得动作的隐蔽性较差。

(一)左摆拳

左摆拳又称前手摆拳,它力量大,变线突然,在进攻当中往往使对方猝不及防,起到突袭的效果。

【动作要领】 格斗势站立。左脚蹬右脚撑,同时前臂外摆于左眼外斜角45°处,拳眼向内,臂微屈;拧腰转胯,身体右旋同时前臂向前、向内,眼前划弧,拳内旋,横向击打,力达拳面,如图 2-4-7～图 2-4-9 所示;身体左转,沉肘,动作还原。

图 2-4-7　　　　　　　图 2-4-8　　　　　　　图 2-4-9

【动作要点】

(1)摆拳空击时的到位标准应是手腕摆动至身体中心线处,即自己的面部正前方。

(2)在做摆拳动作时要防止拳往回引拉,使动作幅度过大,正面防守出现空当。

(3)出拳臂的拳与肘应基本保持在一个运动轨迹中,切不可过早翻肘,以免出现甩拳。

(二)右摆拳

右摆拳是一种杀伤力很大的拳法,合理运用常常会起到出奇制胜的效果。

【动作要领】 格斗势站立。左脚撑右脚蹬转,同时,右臂外摆于右眼外斜角45°处,拳眼向内,臂微屈;拧腰转胯,身体左旋同时右臂向前、向内,眼前划弧,拳内旋,横向击打,力达拳面,如图 2-4-10～图 2-4-12 所示;身体右转,沉肘,动作还原。

【动作要点】

(1)摆拳上臂与前臂的夹角应根据击打距离来调整确定。

(2)摆拳不能用上臂带动前臂的方式,那样即成为甩拳,并容易使肘部受伤,主要用腰部的转动带动手臂发力。

图 2-4-10　　　　　　图 2-4-11　　　　　　图 2-4-12

三、勾拳

勾拳是格斗中贴身或近距离间的进攻拳法，其拳法隐蔽性强、力量大，在进攻当中具有较强的突然性和很大的杀伤力。合理地使用勾拳技法是近距离有效打击对方的重要手段，同时还是防止对方下潜抱摔的有效方法。

（一）左勾拳

【动作要领】　格斗势站立。身体左转，略下沉，前手臂收回轻贴于左肋部，重心偏于前腿；左臂略下摆，后脚蹬，左胯向上挺向右转，拳随挺胯动作向前上方击出；出拳臂夹角根据所击打的距离调整，拳心向内，如图 2-4-13～图 2-4-15 所示；出拳后马上制动，产生短促发力，随着挺胯制动后的肩部放松，拳也有弹性地收回，动作还原。

图 2-4-13　　　　　　图 2-4-14　　　　　　图 2-4-15

【动作要点】
（1）出拳时肩部要放松，不能耸肩。
（2）挺胯时上体不能向侧后仰或挺腹。
（3）出拳前不能向后引拉拳。

（二）右勾拳

【动作要领】　格斗势站立。身体右转，略下沉；右前臂略向下摆，右腿蹬地转跨，身体左旋，随之右手臂根据所击打距离加大角度向前、向上出拳，拳心向内，重心随之前移，如图 2-4-16～图 2-4-18 所示；出拳后肩部迅速放松，出拳臂借回降之力收回，动作还原。

图 2-4-16　　　　　　图 2-4-17　　　　　　图 2-4-18

【动作要点】

(1) 出拳时不可向后引拳,防止出现大的预摆,过早地暴露意图。

(2) 重心如不能随出拳臂迅速前移,会致使上体后仰。

(3) 出拳的力和腰部转动要形成整体的力。

四、拳法组合技术

组合技术是指把不同的攻防技术编串起来运用,但这种编串必须是建立在正确掌握单个动作技术的基础上,同时,由于组合技术是为了进行有效连续的攻击,所以进行技术的组合,必须考虑它的合理性:一是第一击多半是为第二击服务,即,既有试探和测距的作用,又可为第二次打击蓄劲;二是组合技术能够变被动为主动,起到把对方"圈"起来打的作用;三是组合技术要把攻中有防、防中有攻的因素考虑进去;四是组合技术的编串要充分考虑到轻重缓急的节奏和击点多方位的因素。组合技术编串一般以2或3击为宜,现举例如下,仅供参考。

(一) **左直拳—右直拳—左摆拳**(图 2-4-19～图 2-4-21)

图 2-4-19

图 2-4-20

图 2-4-21

(二) **左直拳—左直拳—右直拳**(图 2-4-22～图 2-4-24)

图 2-4-22

图 2-4-23

图 2-4-24

(三) **左摆拳—右摆拳—左勾拳**(图 2-4-25～图 2-4-27)

图 2-4-25

图 2-4-26

图 2-4-27

（四）左直拳—右摆拳—左勾拳（图 2-4-28～图 2-4-30）

图 2-4-28

图 2-4-29

图 2-4-30

一、空击练习

学员可在实训馆场地内进行练习、可集体练习、分组循环练习或以 CrossFit 训练法进行练习。

（1）原地空击练习：学员成体操队形散开以格斗势准备，教师以口令或哨音指挥进行某一拳法或组合拳法练习。

（2）对镜空击练习：学员可分组面对镜子以格斗势准备，教师以口令或哨音指挥进行某一拳法或组合拳法练习。

（3）行进间空击练习：学员成多路纵队站立，由每路纵队的第一名至最后一名的顺序依次进行行进间的某一拳法或组合拳法空击练习。

二、打靶练习

学员可在实训馆场地内进行练习。集体练习或分组循环练习。

（1）原地打靶练习：学员成体操队形散开，两人一组，一名学员戴拳套，另一名学员持拳靶，以格斗势准备。教师以口令或哨音指挥进行某一拳法或组合拳法打靶练习。

（2）行进间打靶练习：学员成多路纵队站立，两人一组，一名学员戴拳套，另一名学员持拳靶，以格斗势准备，由每路纵队的第一组至最后一组的顺序依次进行行进间的某一拳法或组合拳法打靶练习。

三、打沙包练习

学员可在实训馆内分组按照教师指定拳法或组合拳法进行打沙包练习。每组 1 分钟，组间休息 30 秒，每人练习 6～8 组。教师可根据课程安排适当调整练习的时间和组数。

2.4.2 腿法技术

腿法技术是中、远距离的主要进攻手段。拳谚道："手是两扇门，全凭脚打人。"由此可见，练好腿法在格斗训练中具有十分重要的意义。基本腿法主要有正蹬腿、侧踹腿、弹踢腿和鞭腿四种腿法。

一、正蹬腿

正蹬腿属于直线型进攻腿法，动作预兆小、启动快，易于直接进攻，也可用于阻击。主要用于攻击目标的躯干、头部和大腿。

(一)左正蹬腿

左正蹬腿通常也称前正蹬腿,它动作灵活,启动快,常用于主动进攻和阻击。

【动作要领】 格斗势站立。重心后移,左腿提膝上顶,同时右腿屈膝撑地;右腿蹬转,同时左小腿勾脚、上抬;左大腿催小腿、送胯,向正前方蹬出,力达脚底;小腿回收,动作还原,如图 2-4-31～图 2-4-36 所示。

图 2-4-31　　　　　图 2-4-32　　　　　图 2-4-33

图 2-4-34　　　　　图 2-4-35　　　　　图 2-4-36

(二)右正蹬腿

右正蹬腿通常称为后正蹬腿,它动作预兆小,启动突然,蹬踹力量大。

【动作要领】 格斗势站立。左脚稍左转,重心前移,右腿提膝上顶,脚微勾,左腿屈膝支撑,呈反架提膝;左腿蹬转,同时右小腿勾脚、上抬;右大腿催小腿送髋,向正前方蹬出,力达脚底;小腿回收、落地,呈反架格斗姿势站立,如图 2-4-37～图 2-4-42 所示。

图 2-4-37　　　　　图 2-4-38　　　　　图 2-4-39

图 2-4-40　　　　　图 2-4-41　　　　　图 2-4-42

【动作要点】

(1) 屈膝上提膝关节要超过自己的腰部。

(2) 出腿不能往下踩,同时避免小腿上撩,出现弹踢现象。

(3) 送胯出腿时上体不可过度后仰,以免失去身体平衡,减少打击力度。

二、侧踹腿

侧踹腿是格斗技术中主要的腿法之一,该动作隐蔽性好,启动突然,踹击力量大,既可用于主动进攻,又可用于阻击。主要用于攻击目标的躯干、头部和下肢。

(一) 左侧踹腿

左侧踹腿又称前侧踹腿,其动作最大的特点就是突出一个"快"字,即提膝便踹,直接攻击,常使对方猝不及防,又因其力量大,常给对方以重创,使其削弱或丧失攻击力,常用于主动进攻和阻击。

【动作要领】 格斗势站立。重心后移,左腿正前方提起,脚微勾,右腿屈膝撑地,右腿蹬转的同时左腿翻膝、翻小腿,上体控制身体平衡,目视前方;右脚蹬地同时左大腿催小腿,送胯,小腿向正前方踹击,力达脚掌,目视前方;小腿回收,左膝外翻,动作还原,如图2-4-43~图2-4-48所示。

图 2-4-43　　　　图 2-4-44　　　　图 2-4-45

图 2-4-46　　　　图 2-4-47　　　　图 2-4-48

(二) 右侧踹腿

右侧踹腿其动作特点是动作启动幅度较大,运行路线较长,故一般不作为直接进攻的手段,而是与其他拳法或者腿法组合运用。

【动作要领】

(1) 格斗势站立,左腿稍左转,重心前移,右腿正前方提起脚微勾,左腿微屈撑地,呈反架提膝。

(2) 左腿蹬转同时右腿翻膝、翻小腿,上体控制身体平衡,目视前方。

(3) 左脚蹬地同时右大腿催小腿,送胯,小腿向正前方踹击,力达脚掌,目视前方。

(4) 小腿回收,右膝外翻,呈反架格斗势站立,如图2-4-49~图2-4-54所示。

图 2-4-49　　　　　　图 2-4-50　　　　　　图 2-4-51

图 2-4-52　　　　　　图 2-4-53　　　　　　图 2-4-54

【动作要点】

（1）侧踹腿是身体配合的屈伸运动，发力来自蹬地、展胯和快速伸膝的过程，要避免形成以膝关节为轴心发力的勾脚弹踢。

（2）完成动作的瞬间，从平面看，上体与腿基本保持在一条直线上，而不能低头收胯。

（3）由于后腿侧踹的路线较长，稳定性较差，加之易受对方阻击，所以要求速度快，整体动作一气呵成。

三、弹踢腿

弹踢腿的攻击目标主要为对方的裆、腹部或胫骨部位。由于在双人对抗性竞技比赛项目中，裆部属于禁击部位，因此弹踢腿不是对抗性项目比赛中的有效得分手段。但在格斗对抗中，尤其是在以弱对强的情况下，弹踢腿可以发挥出其不意、快速有效的作用，使对方暂时性失去反抗能力。

（一）左弹踢腿

【动作要领】　格斗势站立。重心后移，左腿正前方提膝，大小腿贴紧，脚背绷直，以大腿带动小腿向正前上方弹出，挺腰送胯，力达脚尖或脚背；小腿回收，动作还原，如图 2-4-55～图 2-4-60 所示。

图 2-4-55　　　　　　图 2-4-56　　　　　　图 2-4-57

图 2-4-58

图 2-4-59

图 2-4-60

（二）右弹踢腿

【动作要领】 格斗势站立，重心移至左腿，左腿屈膝支撑，呈反架提膝；左腿蹬转，右腿正前方提膝，大小腿贴紧，脚背绷直，以大腿带动小腿向正前上方弹出，挺腰送胯，力达脚尖或脚背；小腿回收、落地，呈反架格斗势站立，如图2-4-61～图2-4-66所示。

图 2-4-61　　　　　图 2-4-62　　　　　图 2-4-63

图 2-4-64　　　　　图 2-4-65　　　　　图 2-4-66

【动作要点】

（1）注意上体在提膝时不要后仰。

（2）重点体会大腿甩小腿的弹踢动作，发力时以腰带腿，并以膝关节为轴向正前上方弹出。

四、鞭腿

鞭腿又称为横踢腿，它最大的技术特点是在发力时"小腿的鞭打"动作。该动作启动快、预兆小、鞭打力量重，既可用于主动进攻，又可用于防守反击。主要用于攻击目标的大腿内外侧、躯干和头部。

（一）左鞭腿

左鞭腿又称为前鞭腿，其动作隐蔽性大，速度快且灵活多变。

【动作要领】 格斗势站立。重心后移，左腿正前方提起，脚微勾，右腿撑地微曲；右腿蹬转同时左腿扣膝、绷脚，上体控制身体平衡，目视前方；右脚蹬地同时左小腿以膝关节为轴，横向鞭打，力达脚背和踝关节之间部位；小腿回收，左膝外翻，动作还原，如图2-4-67～图2-4-71所示。

图 2-4-67　　　图 2-4-68　　　图 2-4-69　　　图 2-4-70　　　图 2-4-71

（二）右鞭腿

右鞭腿属于重型鞭腿，它打击力量大，常给予对方重创。

【动作要领】　格斗势站立。左脚稍左转，重心前移，右腿正前方提起，脚微勾，左腿屈膝撑地，呈反架提膝；左腿蹬转同时右腿扣膝、绷脚，上体控制身体平衡，目视前方；左脚蹬同时右小腿以膝关节为轴，横向鞭打，力达脚背和踝关节之间部位；小腿回收，右膝外翻，呈反架格斗姿势站立，如图 2-4-72～图 2-4-74 所示。

图 2-4-72　　　　　　　图 2-4-73　　　　　　　图 2-4-74

【动作要点】

（1）注意上体在提膝时不要过度后仰。

（2）要注意借助提膝的惯性带动腿的蹬转，脚在蹬转时，脚跟内扣 50°左右，脚的扣膝、绷脚要衔接好。

（3）重点体会小腿的鞭打动作，发力时以腰带腿，并以膝关节为轴横向鞭打。

五、腿法组合技术

（一）左低鞭腿—右高鞭腿（图 2-4-75 和图 2-4-76）

图 2-4-75　　　　　　　图 2-4-76

（二）左正蹬腿—右高鞭腿（图 2-4-77 和图 2-4-78）

图 2-4-77

图 2-4-78

（三）左低鞭腿—左侧踹腿（图 2-4-79 和图 2-4-80）

图 2-4-79

图 2-4-80

（四）左低鞭腿—右正蹬腿—左高鞭腿（图 2-4-81～图 2-4-83）

图 2-4-81

图 2-4-82

图 2-4-83

六、拳法和腿法组合技术

（一）左右直拳—左高鞭腿（图 2-4-84～图 2-4-86）

图 2-4-84

图 2-4-85

图 2-4-86

（二）左正蹬腿—右直拳—右高鞭腿（图2-4-87～图2-4-89）

图 2-4-87

图 2-4-88

图 2-4-89

（三）左高鞭腿—右低鞭腿—右摆拳（图2-4-90～图2-4-92）

图 2-4-90

图 2-4-91

图 2-4-92

（四）左鞭腿—右直拳—左摆拳（图2-4-93～图2-4-95）

图 2-4-93

图 2-4-94

图 2-4-95

技能训练

一、空击练习

学员可在实训馆场地内进行集体练习或分组循环练习，也可采用 CrossFit 训练法或 Tabata 训练法组织练习。

（1）原地空击练习：学员成体操队形散开以格斗势准备，教师以口令或哨音指挥进行某一腿法、腿法组合或拳腿组合技术练习。

（2）对镜空击练习：学员可分组面对镜子以格斗势准备，教师以口令或哨音指挥进行某一腿法、腿法组合或拳腿组合技术练习。

（3）行进间空击练习：学员成多路纵队站立，由每路纵队的第一名至最后一名的顺序依次进行行进间的某一腿法、腿法组合或拳腿组合技术空击练习。

二、动作平衡练习

学员可在实训馆场地内进行练习。

（1）控腿练习：学员可手扶把杆、墙壁或其他固定物进行控腿练习，以 20 秒至 1 分钟不等为一组，每种腿法一组。

（2）前拉跳练习：学员两人一组，一人单腿支撑，另一人抱住并拉动对方的小腿踝关节处向前跑动，练习的学员相应的向前进行快速的跳动。

（3）后推跳练习：学员两人一组，一人单腿支撑，另一人抱住对方的小腿踝关节处并向后推动，练习的学员相应的快速向后跳动。

三、打靶练习

学员可在实训馆场地内进行集体练习或分组循环练习。

（1）原地打靶练习：学员成体操队形散开，两人一组，一名学员持脚靶，另一名学员以格斗势准备，教师以口令或哨音指挥进行某一腿法、腿法组合或拳腿组合打靶练习。

（2）行进间打靶练习：学员成多路纵队站立，两人一组，一名学员持拳靶，另一名学员以格斗势准备，由每路纵队的第一组至最后一组的顺序依次进行行进间的某一腿法、腿法组合或拳腿组合打靶练习。

四、打沙包练习

学员可在实训馆内分组按照教师指定的腿法、腿法组合或拳腿自由组合进行打沙包练习。每组 1 分钟，组间休息 30 秒，每人练习 6～8 组。教师可根据课程安排适当调整练习的时间和组数。也可采取 Tabata 训练法组织练习。

2.4.3 摔法技术

拳谚道："远踢、近打、贴身摔。"即在格斗对抗过程中，与对手相持距离较远时，便于用腿法进攻；近距离便于用拳法进攻；两人贴身搂抱时，便于摔法的运用。在民航客舱的狭小空间中可使用的摔法技术较少，因此这部分只对正面的抱腿前顶摔和背面的后抱双腿摔进行介绍。

一、抱腿前顶摔

【动作要领】 两人对峙，当对方上步以左右直拳进攻你的头部时，你应随即右腿蹬地，左腿上步下潜，身体前移，双手抱于对方膝窝处；以左肩向前顶击对方髋关节，同时双手回拉，将对方摔倒，如图 2-4-96～图 2-4-99 所示。

图 2-4-96

图 2-4-97

图 2-4-98

图 2-4-99

【动作要点】 手拉和肩顶要同步进行,不可脱节。

二、后抱双腿摔

【动作要领】 当对方在客舱内与其他乘客或机组人员发生矛盾并迅速演变成暴力袭击时,你应从后侧快速突袭,双手从对方两腿外侧搂抱住其双腿膝关节,右肩抵住对方的左大腿后侧,以后抱双腿摔技术将对方摔倒控制,如图 2-4-100～图 2-4-104 所示。

图 2-4-100　　　　　　　　　　图 2-4-101

图 2-4-102　　　　图 2-4-103　　　　图 2-4-104

【动作要点】 突袭要快,抱腿要紧,回拉、前顶要同时发力,一气呵成。

技能训练

一、学员一对一配合练习

学员可在实训馆场地内两人一组进行练习,一名学员为操作手,另一名学员为配手。练习抱腿前顶摔时,两人以格斗势相对而立,教师下达指令后,配手一方上前使用左右直拳攻击操作手一方的头部,操作手快速上步下潜使用抱腿前顶摔将对方摔倒,配手以后倒动作进行自我保护。练习后抱双腿摔时,两人相向而立,教师下达指令后,操作手从后侧快速上前以后抱双腿摔将对方摔倒,配手以前倒动作进行自我保护。主要让学员体会和掌握动作发力的要领。要求配手学员不要反抗,当重心被破坏后随即倒下,同时练习倒地的自我保护动作。可多组同时进行练习。

二、摔沙人练习

学员可在实训馆场地内两人一组进行练习,一名学员为操作手,另一名学员为配手,配手一方在沙人一侧将沙人扶住呈站立状。教师下达指令后,学员进行抱腿前顶摔或后抱双腿摔练习,主要为了提高学员动作发力的速度和强度。可多组同时进行练习。

三、学员一对一反应练习

学员可在实训馆场地内两人一组进行练习,一名学员为操作手,另一名学员为配手。教师下达指令后,双方在练习过程中要进行适当的反抗,不要完全配合对方摔倒,以此进行实战对抗和反应训练,能够有效提高学员的反应意识和快速有效完成摔法技术动作的能力。可多组同时进行练习。

2.4.4 掌法技术

一、戳掌

戳掌是用掌尖戳击对方咽喉、眼睛的一种技术。分为左戳掌和右戳掌两种,这里介绍的以左戳掌为例。

【动作要领】 提手戒备站立。当对方不听劝阻欲上前进行推、拉、扯、拽等动作时,你将左手掌心向下,五指并拢,手腕挺直,左臂迅速伸直向正前方戳击对方咽喉部位或眼睛,力达指尖。动作完成后恢复提手戒备姿势,如图2-4-105～图2-4-107所示。

图 2-4-105

图 2-4-106

图 2-4-107

二、砍掌

砍掌是用掌外沿劈砍对方颈部的一种技术。分为左砍掌和右砍掌两种,这里介绍的以右砍掌为例。

【动作要领】 提手戒备站立,当对方不听劝阻上前以右摆拳进行攻击时,你在左格挡的同时,右掌向右斜上方举起,四指并拢,右掌向左下方劈砍对方右侧颈部,力达掌外沿,掌心向左斜上方。动作完成后恢复提手戒备姿势,如图2-4-108～图2-4-111所示。

图 2-4-108

图 2-4-109

图 2-4-110

图 2-4-111

三、推掌

推掌是用掌根推击对方下颌或鼻梁的一种技术。分为左推掌和右推掌两种,这里介绍的是以右推掌为例。

【动作要领】 提手戒备站立,当对方不听劝阻上前以右摆拳进行攻击时,你在左格挡的同时,右掌立掌向前上方快速推击对方下颌或鼻梁处,力达掌根。动作完成后恢复提手戒备姿势,如图2-4-112～图2-4-114所示。

图 2-4-112

图 2-4-113

图 2-4-114

一、空击练习

学员可在实训馆场地内进行集体练习或分组循环练习。

（1）原地空击练习：学员成体操队形散开以提手戒备站立，教师以口令或哨音指挥进行某一掌法技术练习。

（2）对镜空击练习：学员可分组面对镜子以提手戒备站立，教师以口令或哨音指挥进行某一掌法技术练习。

二、打靶练习

学员可在实训馆场地内进行集体练习或分组循环练习。学员成体操队形散开，两人一组，一名学员手持拳靶或脚靶，另一名学员以提手戒备站立，教师以口令或哨音指挥进行某一掌法技术打靶练习。

2.4.5 肘法技术

一、横击肘

（一）左横击肘

【动作要领】 格斗势站立；左小臂回收的同时大小臂贴紧，左肘关节抬起与肩平行，身体微右转的同时向右拧腰扣胯，带动左肘由外向内、由左向右横向击打，力达肘尖，右手护右下颌；动作完成快速恢复格斗势，如图 2-4-115～图 2-4-118 所示。

图 2-4-115

图 2-4-116

图 2-4-117

图 2-4-118

（二）右横击肘

【动作要领】 格斗势站立；右肘关节抬起，右大小臂贴紧与肩平行，身体左转的同时向左拧腰扣胯,带动右肘由外向内、由右向左横向击打,力达肘尖,左手护左下颌;动作完成快速恢复格斗势,如图2-4-119～图2-4-122所示。

图　2-4-119

图　2-4-120

图　2-4-121

图　2-4-122

二、下劈肘

(一)左下劈肘

【动作要领】　格斗势站立;左小臂回收的同时大小臂贴紧,左肘关节由下向外向上抬起,身体微右转的同时拧腰扣胯,左肘向前向右下方劈击,力达肘尖,右手护右下颌;动作完成快速恢复格斗势,如图2-4-123～图2-4-125所示。

图　2-4-123

图　2-4-124

图　2-4-125

(二)右下劈肘

【动作要领】　格斗势站立;右肘关节抬起,右大小臂贴紧,右肘关节由下向外向上抬起,身体左转的同时拧腰扣胯,右肘向前向左下方劈击,力达肘尖,左手护左下颌;动作完成快速恢复格斗势,如图2-4-126～图2-4-128所示。

图　2-4-126

图　2-4-127

图　2-4-128

三、上挑肘

（一）左上挑肘

【动作要领】 格斗势站立；左小臂回收的同时大小臂贴紧，身体微右转的同时拧腰扣胯，左肘关节由下向前向上挑击，力达肘尖，右手护右下颌；动作完成快速恢复格斗势，如图 2-4-129～图 2-4-131 所示。

图 2-4-129

图 2-4-130

图 2-4-131

（二）右上挑肘

【动作要领】 格斗势站立；身体左转的同时拧腰扣胯，右肘关节由下向前向上挑击，力达肘尖，左手护左下颌；动作完成快速恢复格斗势，如图 2-4-132～图 2-4-134 所示。

图 2-4-132

图 2-4-133

图 2-4-134

四、前顶肘

（一）左前顶肘

【动作要领】 格斗势站立；身体微右转的同时，左小臂回收至右臂的位置后，大小臂平行肘尖朝前，向正前方顶肘，发力短促，力达肘尖，右手护右下颌；动作完成，快速恢复格斗势，如图 2-4-135～图 2-4-138 所示。

图 2-4-135

图 2-4-136

图 2-4-137

图 2-4-138

（二）右前顶肘

【动作要领】 格斗势站立；右脚上步的同时，右小臂回收至左臂的位置后，大小臂平行肘尖朝前，向正前方顶肘，发力短促，力达肘尖，左手护左下颌；动作完成快速恢复格斗势，如图 2-4-139～图 2-4-142 所示。

图 2-4-139

图 2-4-140

图 2-4-141

图 2-4-142

五、后顶肘

（一）左后顶肘

【动作要领】 当被对方从身后接近偷袭，突然用右手紧勒住颈部时，应双手迅速抓住对方的右臂后身体重心下沉，身体微左转的同时左臂屈肘向后方击打对方胸窝处，发力短促，力达肘尖，使其胸窝处因疼痛而松手解脱，如图 2-4-143～图 2-4-145 所示。

图 2-4-143

图 2-4-144

图 2-4-145

（二）右后顶肘

【动作要领】 在左顶肘的基础之上，如对方仍不松手，应将身体微右转的同时右臂屈肘向后方击打对方右肋部，发力短促，力达肘尖，使其因肋部疼痛而松手解脱，如图 2-4-146 所示。

六、后扫肘

（一）左后扫肘

【动作要领】 当被对方从身后接近偷袭，突然用双手抱住腰部时，应身体重心迅速下降，同时身体微左转左臂屈肘向后向右横扫肘，击打对方头部，发力短促，力达肘尖，使其因头部疼痛而松手解脱，如图 2-4-147～图 2-4-149 所示。

图 2-4-146

（二）右后扫肘

【动作要领】 当被对方从身后接近偷袭，突然双手抱住腰部时，身体重心应迅速下降，同时，身体微右转右臂屈肘向后向左横扫肘，击打对方头部，发力短促，力达肘尖，使其因肋部疼痛而松手解脱，如图2-4-150所示。

图　2-4-147

图　2-4-148

图　2-4-149

图　2-4-150

七、下砸肘

（一）左下砸肘

【动作要领】 当被对方从正面欲下潜抱双腿或腰部时，应左脚向后撤步的同时右手向下按其头颈部，以左肘由上向下砸肘，击打其腰背部或头部，发力短促，力达肘尖，如图2-4-151~图2-4-153所示。

图　2-4-151

图　2-4-152

图　2-4-153

（二）右下砸肘

【动作要领】 当被对方从正面欲下潜抱时，应右脚向后撤步的同时左手向下按其头颈部，以右肘由上向下砸肘，击打其腰背部或头部，发力短促，力达肘尖，如图2-4-154~图2-4-156所示。

图　2-4-154

图　2-4-155

图　2-4-156

技能训练

一、空击练习

学员可在实训馆场地内进行集体练习或分组循环练习。

（1）原地空击练习：学员成体操队形散开以格斗势准备，教师以口令或哨音指挥进行某一肘法或肘法组合技术练习。

（2）对镜空击练习：学员可分组面对镜子以格斗势准备，教师以口令或哨音指挥进行某一肘法或肘法组合技术练习。

二、打靶练习

学员可在实训馆场地内进行集体练习或分组循环练习。学员成体操队形散开，两人一组，一名学员手持大脚靶，另一名学员以格斗势准备，教师以口令或哨音指挥进行某一肘法或肘法组合打靶练习。也可采取 Tabata 训练法组织练习。

三、打沙包练习

学员可在实训馆内分组按照教师指定肘法或肘法组合进行打沙包练习。可按次数或时间来设定每组，组间休息和练习组数等教师可根据课程安排适当调整。也可采取 Tabata 训练法组织练习。

2.4.6 膝法技术

一、上顶膝

（一）左上顶膝

【动作要领】 格斗势站立；身体微右转的同时，右腿独立支撑，左腿屈膝向正上方顶击，左侧腰部用力收缩，膝高于腰，力达膝尖，如图 2-4-157 和图 2-4-158 所示。

图 2-4-157

图 2-4-158

（二）右上顶膝

【动作要领】 格斗势站立；身体微左转的同时，左腿独立支撑，右腿屈膝向正上方顶击，右侧腰部用力收缩，膝高于腰，力达膝尖，如图 2-4-159 和图 2-4-160 所示。

图 2-4-159

图 2-4-160

二、前冲膝

(一) 左前冲膝

【动作要领】 格斗势站立；身体微右转的同时，右腿独立支撑，左腿屈膝送胯向正前上方冲顶，力达膝尖，如图 2-4-161 和图 2-4-162 所示。

图 2-4-161　　　　　　　　　　图 2-4-162

(二) 右前冲膝

【动作要领】 格斗势站立；身体微左转的同时，左腿独立支撑，右腿屈膝送胯向正前上方冲顶，力达膝尖，如图 2-4-163 和图 2-4-164 所示。

图 2-4-163　　　　　　　　　　图 2-4-164

三、斜撞膝

(一) 左斜撞膝

【动作要领】 格斗势站立；身体微右转的同时，右腿独立支撑，左腿屈膝由外向里、向右斜上方顶撞，力达膝尖内侧，如图 2-4-165～图 2-4-167 所示。

图 2-4-165　　　　　图 2-4-166　　　　　图 2-4-167

(二) 右斜撞膝

【动作要领】 格斗势站立；身体微左转的同时，左腿独立支撑，右腿屈膝由外向里、向左斜上方顶撞，力达膝尖内侧，如图 2-4-168～图 2-4-170 所示。

图 2-4-168　　　　　　　图 2-4-169　　　　　　　图 2-4-170

 技能训练

一、空击练习

学员可在实训馆场地内进行集体练习或分组循环练习。

（1）原地空击练习：学员成体操队形散开以格斗势准备，教师以口令或哨音指挥进行某一膝法或膝法组合技术练习。

（2）对镜空击练习：学员可分组面对镜子以格斗势准备，教师以口令或哨音指挥进行某一膝法或膝法组合技术练习。

二、打靶练习

学员可在实训馆场地内进行集体练习或分组循环练习。学员成体操队形散开，两人一组，一名学员手持大脚靶，另一名学员以格斗势准备，教师以口令或哨音指挥进行某一膝法或膝法组合打靶练习。也可采取 Tabata 训练法组织练习。

三、打沙包练习

学员可在实训馆内分组按照教师指定膝法或膝法组合进行打沙包练习。可按次数或时间来设定每组，组间休息和练习组数等教师可根据课程安排适当调整。也可采取 Tabata 训练法组织练习。

2.5　防守与反击技术

防守技术是格斗技术体系（进攻技术、防守技术、反击技术）三要素的重要组成部分。防守技术运用得好，有助于自我保护，同时也为反击创造良好的条件。防守技术分为两类：一类是接触型防守，即通过肢体的拦截达到防守的目的；另一类是非接触型防守，也叫躲闪型防守，它是通过身体姿势的变化和位置的移动而达到防守的目的。

2.5.1　拳法的防守与反击技术

一、直拳的防守技术

（一）拍挡防守法

【动作要领】当对方以左直拳进攻你的面部时，你右手随即前迎；当对方以右直拳进攻你面部时，你左手随即前迎；同时以掌根为力点，横向拍击对方手腕的外侧，使其改变发力方向，如图 2-5-1 所示。另外，在拍击时，要注意手腕的抖腕动作，它包含着砍中带拨的动作。

图 2-5-1

（二）拍压防守法

【动作要领】 当被对方以直拳攻击腹部时，应随即收腹，同时前手用力拍压对方手腕部。在拍压时，手腕有一个压中带拨的动作，不是单纯的下压，还有改变对方发力方向的目的，如图 2-5-2 所示。

（三）躲闪型防守法

【动作要领】

图 2-5-2

当被对方以直拳进攻面部时，应将身体迅速后移同时上体略后仰，收下颌，避开对方的进攻，即后闪，如图 2-5-3 所示。

在对方进攻的一刹那，就应做出正确判断，左脚迅速向左前方或向右前方移动半步，同时身体也伴随着步法的移动向左或向右转动，两膝略弯曲，使进攻的拳法刚好从耳边擦过，即左侧闪和右侧闪，如图 2-5-4 所示。

当头部将要受到攻击时，应及时下蹲，两手放于下颌部，使进攻的拳法从头顶越过，以此来化解对方的进攻，即下闪，如图 2-5-5 所示。

图 2-5-3

图 2-5-4

图 2-5-5

二、直拳的常用防守反击术

反击术是一种复合技术，由防守和进攻技术组合而成。反击术能否被成功运用，除了正确、熟练地掌握和运用防守和进攻技术外，还需要善于把握防守反击的时机和节奏，以及具有较强的进攻意识。

（一）左直拳的常用防守反击术

（1）右拍挡防守，反击左直拳。
（2）右拍挡防守，反击左摆拳。
（3）右拍挡防守，反击左勾拳。
（4）左拍压防守，反击右直拳。
（5）左拍压防守，反击左摆拳。
（6）右侧闪防守，反击右勾拳。
（7）后闪防守，反击右直拳。

动作视频 2-1：左直拳的常用防守反击术

（二）右直拳的常用防守反击术

（1）左拍挡防守，反击右直拳。
（2）左拍挡防守，反击右摆拳。
（3）左拍挡防守，反击右勾拳。
（4）左拍压防守，反击右直拳。

动作视频 2-2：右直拳的常用防守反击术

(5) 左拍压防守,反击右勾拳。

(6) 左侧闪防守,反击左勾拳。

(7) 左侧闪防守,反击右摆拳。

(8) 后闪防守,反击右直拳。

【特别介绍】

距离感:格斗中所谓的距离感,就是对双方相互间所保持距离大小的判断能力。距离又划分为有效距离和无效距离。有效距离是指双方在对峙过程中,一方能直接击打到对方时所保持的距离;无效距离是指双方在对峙过程中,一方不能直接击打到对方时所保持的距离。不同的距离,在不同情况下发起进攻,所产生的效果也是不同的。具体如下:进攻时,距离过大,往往打不到对方;距离过小,击打动作受阻,力量常发不出来。只有保持最佳距离才能达到最佳的效果。在防守反击时,撤得太远会丧失反击的机会,撤的距离不够会被对方击中,撤的距离适中方能很好反击。由此可见,把握距离的能力,会直接影响进攻和反击的效果。既然是距离感,也就是说感受距离,就要求学员在平时训练中不断地去感受距离的远、近、适中并加以掌握,以达到熟练运用。

时机:是指合理运用动作的最佳机会。时机不能用固定的数字来说明,它稍纵即逝,总体归纳为三种形式:第一种是主动进攻的时机,称为"抢时机",它是"抢"在对方注意力不集中或防守出现漏洞的时机;第二种是防守的时机,称为"等时机",它是在"等待",等待对方进攻,然后快速做出正确防守的时机;第三种是反击的时机,称为"抓时机",也叫打时间差,它集中出现在:当对方进攻后尚未转入防守时或当对手将要进攻且尚未进攻时。

三、摆拳的防守技术

(一)格挡防守法

【动作要领】 当被对方以左摆拳或右摆拳攻击头部时,应左脚向前迈半步,同时含胸、右臂或左臂收紧,由下上挂,贴紧于头部外侧,用臂的外侧和拳背保护头部,如图2-5-6和图2-5-7所示。

(二)摇闪防守法

【动作要领】 当被对方以左摆拳或右摆拳攻击头部时,应将左脚向前迈半步,同时身体向左或向右前移,稍下蹲,双臂回收于头部两侧,动作不停,身体向反方向摇动,自里向外,避闪对方的进攻,如图2-5-8和图2-5-9所示。

图 2-5-6　　　　　　图 2-5-7　　　　　　图 2-5-8　　　　　　图 2-5-9

四、摆拳的常用防守反击术

(一)左摆拳的常用防守反击术

(1) 右格挡防守,反击左直拳。

(2) 右格挡防守,反击左摆拳。

(3) 右摇闪防守,反击右直拳。

(4) 右摇闪防守,反击右勾拳。

(二) 右摆拳的常用防守反击术

(1) 左格挡防守,反击右直拳。

(2) 左格挡防守,反击右勾拳。

(3) 左摇闪防守,反击左勾拳。

(4) 左摇闪防守,反击左摆拳。

五、勾拳的防守技术

(一) 掩肘拨打防守法

【动作要领】 当被对方以左勾拳或右勾拳进攻腹部时,应迅速将身体重心下降、手臂下沉,上体向左或向右旋转以右前臂或左前臂内侧拨打对方手腕处,化解对方的进攻,如图 2-5-10 所示。

(二) 掩肘阻挡防守法

【动作要领】 当被对方以左勾拳或右勾拳进攻腹部时,应迅速将身体重心下降、沉肘夹臂,贴紧于肋部,上体稍左转或稍右转以右肘部或左肘部外侧来抵挡对方的进攻,如图 2-5-11 和图 2-5-12 所示。

动作视频 2-3:左摆拳的常用防守反击术

动作视频 2-4:右摆拳的常用防守反击术

图 2-5-10

图 2-5-11

图 2-5-12

六、勾拳的常用防守反击术

(一) 左勾拳的常用防守反击术

(1) 右掩肘拨打防守,反击左勾拳。

(2) 右掩肘拨打防守,反击左摆拳。

(3) 右掩肘阻挡防守,反击左勾拳。

(4) 右掩肘阻挡防守,反击左摆拳。

(二) 右勾拳的常用防守反击术

(1) 左掩肘拨打防守,反击右勾拳。

(2) 左掩肘拨打防守,反击右摆拳。

(3) 左掩肘拨打防守,反击右直拳。

(4) 左掩肘阻挡防守,反击右勾拳。

(5) 左掩肘阻挡防守,反击右摆拳。

动作视频 2-5:左勾拳的常用防守反击术

动作视频 2-6:右勾拳的常用防守反击术

【特别说明】 在徒手格斗技术中,当对方以拳法进行攻击时,在做出正确的拳法防守后,可以任何拳法或拳法组合技术、拳腿法组合技术进行反击。

一、学员一对一配合练习

学员可在实训馆场地内两人一组进行练习,双方佩戴拳套、护头和护胸。一名学员为操作手,另一名学员为配手。教师下达指令后,配手一方按照教师的要求使用某一固定拳法进攻操作手一方的头部,操作手按照要求使用指定的防守以及反击技术。可多组同时进行练习,先分解后完整。

二、学员一对一喂靶练习

学员可在实训馆场地内两人一组进行练习,一名学员戴拳套,另一名学员持拳靶。

(1) 固定靶:教师下达指令后,配手一方按照教师的要求使用某一固定拳法进攻操作手一方的头部,操作手按照要求使用指定的防守以及反击技术击打配手方的拳靶。可多组同时进行练习,既可在场地内散开进行练习(可采用 Tabata 训练法组织练习),也可以在场地内行进间进行练习。

(2) 反应靶:教师下达指令后,配手一方持拳靶上前随意使用任何拳法无规律地攻击操作手一方的头部,操作手一方要快速反应,迅速做出正确的判断并使用合理的防守加反击技术击打对方的拳靶。可多组同时进行练习,既可在场地内散开进行练习,也可以在场地内行进间进行练习。

三、学员一对一反应练习

学员可在实训馆场地内两人一组进行练习,双方佩戴拳套、护头、护胸和护裆。一名学员为操作手,另一名学员为配手。教师下达指令后,配手一方上前随意使用任何拳法无规律的攻击操作手一方的头部,操作手一方要快速反应,迅速做出正确的判断并使用合理的防守加反击技术。可采用 HIIT 训练法多组同时进行练习。

四、条件实战练习

学员可在实训馆场地内、擂台上或客舱过道内两人一组进行练习。双方佩戴拳套、护头、护胸和护裆。学员根据教师指定的拳法进攻或防守以及反击技术进行条件实战对抗练习,由教师指定一方进攻,另一方防守反击。要求主动进攻或防守反击的动作由简到繁、由易到难,力度由轻到重。从这种实战条件中锻炼对距离、空间和时间(差)的把握能力。教师应在旁进行指导和提示,以鼓励学生建立自信,并随时关注和尽力规避条件实战练习中的意外受伤事件发生将意外受伤事件的概率和程度降到最低。

2.5.2 腿法的防守与反击技术

一、正蹬腿的防守技术

(一)锁扣防守法

【动作要领】 当被对方以左正蹬腿进攻腹部时,应随即沉肘,同时左手在下,右手在上呈"袋"状向前迎接对方进攻的腿;当进攻腿进入两手之间发力时,两手相合,锁扣住对方脚踝处,同时收腹、含胸、收小腿,化解对方的进攻,如图 2-5-13 所示。

（二）外拨防守法

【动作要领】 当被对方以左正蹬腿进攻腹部时,应在左脚后撤半步的同时以左小臂向外拨打对方左腿踝关节外侧,使其改变进攻的方向,如图 2-5-14 和图 2-5-15 所示。

图 2-5-13

图 2-5-14

图 2-5-15

（三）掩肘拨打防守法

【动作要领】 当被对方以左正蹬腿进攻胸部时,应随即将身体略左转,同时右臂沉肘前伸、前臂内旋,自外向里拨打对方左腿踝关节外侧,使其改变进攻方向,如图 2-5-16～图 2-5-19 所示。

图 2-5-16

图 2-5-17

图 2-5-18

图 2-5-19

（四）里抄防守法

【动作要领】 当被对方以左正蹬腿进攻腹部时,应随即将左腿后撤一步变为反架,同时右臂借助身体的转动曲臂内旋自外向里抄拨对方的左腿踝关节外侧,使其改变进攻方向,如图 2-5-20 所示。

（五）后撤防守法

【动作要领】 当被对方以右正蹬腿进攻腹部或胸部时,应随即后撤右脚半步,同时左脚后跟半步,以躲开对方的进攻,如图 2-5-21 所示。

图 2-5-20

图 2-5-21

二、正蹬腿的常用防守反击术

（一）左正蹬腿的常用防守反击术

（1）当被对方以左正蹬腿攻击胸部时，要迅速以右掩肘防守，反击左摆拳或左摆拳加右鞭腿。

（2）当被对方以左正蹬腿攻击腹部时，应迅速后撤左腿一步变成反架，以右小臂里抄防守，反击左摆拳加左鞭腿或右鞭腿。

动作视频 2-7：左正蹬腿的常用防守反击术

（二）右正蹬腿的常用防守反击术

（1）当被对方以右正蹬腿进攻胸部时，应随即左脚向左前方上步侧闪，同时身体略右转，左臂沉肘前伸、前臂内旋，自外向里拨打对方右小腿踝关节外侧防守，随即反击右直拳或右摆拳或右鞭腿。

（2）当被对方以右正蹬腿进攻腹部时，应随即以左里抄防守，反击右直拳或右摆拳或右鞭腿。

动作视频 2-8：右正蹬腿的常用防守反击术

三、侧踹腿的防守技术

（一）砸压防守法

【动作要领】 当被对方以左侧踹腿进攻腹部时，应随即将身体略右转，同时带动左臂沉肘、握拳、前臂迅速下摆，用手腕及尺骨的外侧狠狠下砸对方小腿，化解对方的进攻，如图 2-5-22～图 2-5-25 所示。

图 2-5-22

图 2-5-23

图 2-5-24

图 2-5-25

图 2-5-26

（二）外拨防守法

【动作要领】 当被对方以左侧踹腿进攻腹部时，应随即将左脚后撤半步，同时以左小臂向外拨打对方左脚腕后侧，使其改变进攻方向，如图 2-5-26～图 2-5-29 所示。

图 2-5-27

图 2-5-28

图 2-5-29

（三）掩肘拨打防守法

【动作要领】 当被对方以左侧踹腿进攻胸部时，应随即将身体略左转，同时右臂沉肘前伸、前臂内旋，自外向里拨打对方左脚腕后侧，使其改变进攻方向，如图2-5-30～图2-5-32所示。

图 2-5-30

图 2-5-31

图 2-5-32

（四）锁扣防守法

同正蹬腿的锁扣防守技术，如图2-5-33所示。

（五）里抄防守法

【动作要领】 当被对方以左侧踹腿进攻腹部时，应随即后撤左腿一步变为反架，同时右臂借助身体的转动曲臂内旋，自外向里抄拨对方的左小腿脚腕后侧，使其改变进攻方向，如图2-5-34所示。

（六）后撤防守法

【动作要领】 当被对方以左侧踹腿进攻胸腹部时，应随即后撤右脚一步，同时左脚相应后跟半步，以躲开对方进攻，如图2-5-35所示。

图 2-5-33

图 2-5-34

图 2-5-35

四、侧踹腿的常用防守反击术

（一）左侧踹腿的常用防守反击术

(1) 砸压防守，反击右直拳或右鞭腿。
(2) 外拨防守，反击左摆拳或右直拳或右鞭腿。
(3) 右掩肘防守，反击左摆拳或左鞭腿。
(4) 当对方以左侧踹腿攻击腹部时，左腿迅速后撤一步变成反架，以右小臂里抄防守，反击左摆拳加左鞭腿或右鞭腿。
(5) 后撤防守，反击右低鞭或右中鞭腿。

动作视频2-9：左侧踹腿的常用防守反击术

（二）右侧踹腿的常用防守反击术

（1）左里抄防守，反击右摆拳或右直拳或右鞭腿。

（2）左掩肘拨打防守，反击右摆拳或右直拳或右鞭腿。

（3）后撤步防守，反击左低鞭或左中鞭腿。

五、鞭腿的防守技术

（一）拍挡防守法

【动作要领】 当被对方以左鞭腿或右鞭腿进攻头部或者上体时，应顺势向左前方或右前方上步，同时双手拍击对方踝关节处，顺势有效化解对方的最大攻击力，如图 2-5-36 所示。

（二）里挂防守法

【动作要领】 当被对方以左鞭腿或右鞭腿进攻头部或者上体时，应顺势向左前方或右前方上步，同时身体外旋侧闪，左臂或右臂自里向外挂扣对方进攻腿的膝窝处，右手格挡对方的小腿并锁扣，如图 2-5-37～图 2-5-39 所示。

动作视频 2-10：右侧踹腿的常用防守反击术

图 2-5-36

图 2-5-37　　　　图 2-5-38　　　　图 2-5-39

（三）后撤防守法

【动作要领】 当被对方以左鞭腿或右鞭腿进攻头部或胸腹部时，应随即将右腿后撤一步，同时左脚相应后跟半步，以躲开对方进攻，如图 2-5-40～图 2-5-42 所示。

图 2-5-40　　　　图 2-5-41　　　　图 2-5-42

六、鞭腿的常用防守反击术

（一）左鞭腿的常用防守反击术

（1）左侧闪步拍挡防守，反击右直拳或右鞭腿。

（2）左侧闪步拍挡防守，反击右直拳加右正蹬腿。

（3）后撤步防守左鞭腿，反击右鞭腿或右正蹬腿。

动作视频 2-11：左鞭腿的常用防守反击术

（二）右鞭腿的常用防守反击术

（1）当被对方以右低鞭腿进攻左大腿外侧时，应左脚随即向前上步，同时左臂由上向下外挂对方右腿膝窝处，同时反击右直拳加右正蹬腿。

（2）右侧闪步拍挡防守，反击右正蹬腿或右踹腿。

（3）后撤步防守，反击左低鞭腿加右直拳加右正蹬腿。

动作视频 2-12：右鞭腿的常用防守反击术

技能训练

一、学员一对一配合练习

学员可在实训馆场地内两人一组进行练习，双方佩戴拳套、护胸、护裆和护腿。一名学员为操作手，另一名学员为配手。教师下达指令后，配手一方按照教师的要求使用某一固定腿法进攻操作手一方的指定部位，操作手按照要求使用指定的防守以及反击技术。可多组同时进行练习，先分解后完整。

二、学员一对一喂靶练习

学员可在实训馆场地内两人一组进行练习，一名学员戴拳套，另一名学员持脚靶。

（1）固定靶：教师下达指令后，配手一方按照教师的要求使用某一固定腿法进攻操作手一方的指定部位，操作手按照要求使用指定的防守以及反击技术击打配手方的脚靶。可多组同时进行练习，既可在场地内散开进行练习（可采用 Tabata 训练法组织练习），又可以在场地内行进间进行练习。

（2）反应靶：教师下达指令后，配手一方持脚靶上前随意使用任何腿法无规律的攻击操作手一方的身体某部位，操作手一方要快速反应，迅速做出正确的判断并使用合理的防守加反击技术击打对方的脚靶。可多组同时进行练习，既可在场地内散开进行练习，又可以在场地内行进间进行练习。

三、学员一对一反应练习

学员可在实训馆场地内两人一组进行练习，双方佩戴拳套、护头、护胸、护裆、护腿和护脚背。一名学员为操作手，另一名学员为配手。教师下达指令后，配手一方上前随意使用任何腿法无规律地攻击操作手一方的身体某部位，操作手一方要快速反应，迅速做出正确的判断并使用合理的防守加反击技术。可多组同时进行练习。既可在场地内散开进行练习（可采用 HIIT 训练法多组同时进行练习），又可在场地内行进间进行练习。

四、条件实战练习

学员可在实训馆场地内、擂台上或客舱过道内两人一组进行练习，双方佩戴拳套、护头、护胸、护裆、护腿和护脚背。学员根据教师指定的拳腿法进攻或防守以及反击技术进行拳腿条件实战对抗练习。由教师指定一方进攻，另一方防守反击。要求主动进攻或防守反击的动作由简到繁、由易到难，力度由轻到重。从条件实战中锻炼距离感、空间感和时间感（差）。教师应在旁进行指导和提示，以鼓励学生建立自信，并随时关注和尽力规避条件实战练习中的意外受伤事件发生，将意外受伤事件的概率和程度降到最低。

2.6　项目综合实训

一、训练目标

（1）熟练掌握民航客舱防卫基本技术。

（2）通过训练进一步强化学员的拳腿摔综合实战能力和应对客舱突发事件的格斗对抗技能。

（3）锻炼和培养学员沉着冷静、果断勇敢、顽强拼搏、互帮互助的精神，增强学员分析问题和解决问题的能力。

二、综合实训任务描述

此模块的综合实训任务主要以真实的实战对抗来检验技能的掌握情况。所谓实战，在形式上来讲就是一对一比赛，或一对二、一对多比赛，它能够直接检验学员对格斗对抗技能的实际运用能力。通过实战对抗，使学员从中了解和认识自己与他人的差距和不足，继而在今后的学习和训练中更具针对性和实效性，以此不断提高学员的实战对抗水平。具体实训任务包括拳法实战、腿法实战、摔法实战和综合实战。

三、实施方法与步骤

（1）提前将格斗对抗实训所需的防护器材准备齐全并进行检验，包括拳套、护头、护胸、护裆、护腿和护脚背等。

（2）教师组织学员充分做好格斗对抗实训前的准备活动，避免由于准备活动不充分而导致受伤情况出现。

（3）教师组织学员进行格斗对抗实训前的抗击打练习，有效激活身体各部位的肌肉，增强学员身体各部位的抗震能力，使学员的身体相关部位提前得到适应，尽力避免实战对抗中出现不必要的受伤情况，并尽力规避实战中的意外受伤事件发生，将意外受伤事件的概率和程度降到最低。

（4）提前将学员按体重分级分配好对手，并编排好顺序，按顺序逐对或逐组到指定场地内进行格斗对抗实训考核。一次检录三组，一组在指定场地内上进行格斗对抗实训考核，另外两组在训练场地内进行热身及抗击打练习。每组实训考核结束后教师分别进行简短总结讲评。

（5）全班综合实训考核结束后，教师进行综合性的总结讲评。

四、注意事项

（1）防护器材的准备和检验。

（2）准备活动和抗击打练习的组织和实施。

（3）安全教育必须要严肃认真，要求学员严格落实。

（4）总结点评要点面结合，重点突出。

本模块项目进行过程化、阶段性任务考核评价，针对项目中的不同任务逐一进行技术考核，以实战对抗进行模拟综合实训，旨在锻炼和提高学员在遇到突发事件时，沉着冷静、头脑清晰、思维敏捷、果断勇敢、依法依规灵活运用所学格斗对抗技能的能力，在实战中能够随机应变，快速、安全、合理有效地进行处置的能力。现针对不同教学内容制定相应的考核评价标准。

考核标准的量化和细化，明确了学习者的考核要点，为教师客观评价提供依据。具体考核标准见表 2-1 和表 2-2。

表 2-1　格斗技术动作的考核标准

考试考查要点	优：90～100 分	良：80～89 分	中：70～79 分	及格：60～69 分	不及格：59 分以下
动作规范标准	正确	较正确（准确度稍差）	一般（轻微错误）	有较明显的错误	严重错误
动作连贯协调	连贯协调	较连贯协调	连贯性或协调性有一项较差	连贯性和协调性有显著不足	动作明显僵硬且没有连贯性
力量、速度、幅度、灵敏	技术具有四项要素	技术具有三项要素	技术具有二项要素	仅具有一项要素	没有具备任何项要素
动作意识	强	较强	一般	较差	动作没有意识

表 2-2　格斗综合实战的考核标准

考试考查要点	优：90～100 分	良：80～89 分	中：70～79 分	及格：60～69 分	不及格：59 分以下
方法运用、击打效果	方法运用正确、效果明显	方法运用清楚、效果较明显	方法运用较清楚、效果一般	方法运用不正确、效果不明显	方法运用严重错误、无效果
反应、判断	反应迅速、判断准确	反应迅速、判断较准确	反应较迅速、判断较准确	反应较迅速、判断失误较多	反应迟缓、判断错误
时间差、距离差、空间差	三项要素熟练掌握	三项要素熟练掌握两项	三项要素掌握较熟练	三项要素掌握一般	没有具备任何要素
实战意识	强	较强	一般	较差	没有实战意识

思考题：

(1) 人体的受击部位包括哪几个区域？按击打等级是如何划分的？

(2) 民航客舱防卫与控制技术中的主要易控关节都包括哪几个部位？

(3) 民航客舱中常用的防御手型有哪几种？其动作要点是什么？

(4) 民航客舱中常用的腿法有哪几种？在何种情况下可以使用这些腿法技术？

模块3

民航客舱遇抗解脱与控制技术

（1）正确认识民航客舱防卫中的遇抗解脱与控制技术；
（2）了解遇抗解脱与控制技术在民航客舱实际工作中的重要性。

  能力目标

（1）能够熟练掌握民航客舱遇抗解脱技术、遇抗解脱控制技术；
（2）能够将所学技术在实际工作中合理、适度、灵活运用。

  案例导入

民航资源网2014年12月24日消息：2014年12月16日，南航新疆分公司专职安全员赵坤执行CZ3814合肥至广州航线，一旅客登机后直接坐在了31A（高端经济舱）座位上，因航班准备时，赵坤知道这个座位没有旅客，乘务员小林上前微笑询问31A旅客的座位信息，这名旅客态度非常傲慢，拒绝乘务员查看其登机牌，在关闭舱门安全演示后，乘务长再次上前微笑询问31A旅客座位信息，旅客告诉乘务长他的座位是38H，31A座位是空的，他在31A坐一会就回38H。

此时飞机进入滑行时间，赵坤发现31A旅客把脚放置于31A前面的壁板上，脚放置的位置已经远远超过座位高度，就座于32A的旅客呼叫乘务员去劝说旅客把脚放下来，乘务员劝说之后，旅客把脚放下来了，但嘴里脏话不断。飞机起飞尚未平飞时，这名旅客不听劝阻径自到前服务间接热水和上卫生间，并在驾驶舱门口区域大声喊叫，赵坤立刻上前制止，同时警告这名旅客，其在飞机上的行为已经严重扰乱客舱秩序，请他立刻回到自己的座位上，这名旅客在抱怨声中不情愿地回到了38H。

平飞后，乘务员小林拉餐车经过38H时，这名旅客用力拉住她的胳膊，并大声责备。小林将情况报告给乘务长和赵坤，同时也报告了机长，机长回复如果此旅客再有过激行为，就报警。在小林第二次供水至38H时，这名旅客再次用力拉住小林的胳膊，小林疼痛不止，到前服务间查看，手臂有片瘀青，并伴有抓痕手印。看到此情，赵坤马上向机长报告，机长决定与机场公安取得联系。

为了避免该旅客因情绪不稳影响其他旅客，赵坤采取机上控制，机下处理的处置原则先稳住旅客,同时做好证据采集工作。很快飞机降落在广州机场,赵坤一起与同事将闹事旅客移交广州白云机场公安局。根据《中华人民共和国治安处罚法》,此旅客因严重扰乱客舱秩序,被广州白云机场公安局拘留5天。

（案例来源：民航资源网.旅客严重扰乱客舱秩序,被拘5天.http://news.carnoc.com/list/302/302382.html,2014-12-24）

在民航客舱内,经常会有个别乘客因个人的需求得不到满足等因素,在情绪激动的情况下,对空乘、空保人员或其他乘客做出推拉扯拽等行为。情绪异常激动者,有时甚至会做出具有攻击性的扼喉、勒颈、缠抱等扰乱客舱秩序的行为。虽然这些行为主观上为自身利益的诉求,区别于暴力犯罪行为,然而也具有潜在的攻击意识。一个偶然因素,极有可能上升为暴力攻击行为,因此必须要认真巧妙地处理这些行为。这种行为,在是否具有主观攻击的意识方面,区别于暴力犯罪。原则上为了避免事态升级、矛盾激化,从而影响航空器的正常飞行以及所有机上人员的人身安全,在处理类似事件的过程中,首选的是要运用语言沟通的方式来进行劝阻。尽量使用语言劝阻将矛盾化解才是上上之策,也就是我们常说的"不战而屈人之兵"的理念。但如果当扰乱行为人对语言劝阻根本不予理睬,仍然恶意纠缠工作人员。为了能及时控制局面,避免大规模乘客的误解及骚乱而导致航空器配载失衡,航空安全员在对其警告无效后,需要选择相应的徒手解脱技术对扰乱行为人以威慑,或者以简单温和的遇抗解脱与控制技术将对方的侵害行为控制在有效的防卫范围内,以确保航空器的正常飞行和机上人员的绝对安全。因此,航空安全员必须具备客舱防卫中的遇抗解脱技术、遇抗解脱与控制技术,以在最短的时间内稳定好当事人和乘客的情绪,避免事态升级,确保航空器始终保持一个平稳的重心,以保证机上人员的绝对安全。

3.1 民航客舱遇抗解脱技术

民航客舱遇抗解脱技术就是针对客舱内各种不同情形下的推拉扯拽而设计的,具有较强的针对性和实用性。当犯罪嫌疑人突然对机组成员或其他乘客实施抓、拧、搂、抱等肢体动作进行纠缠时,安全员要快速运用力学原理,使用旋、拧、转、压、撅、撬、掰等技巧,利用犯罪嫌疑人的生理弱点,避实击虚,快速有效摆脱对方纠缠。遇抗解脱技术动作隐蔽、幅度较小、简单有效,可避免引起其他乘客、公众或媒体的误解,防止矛盾被激化。客舱遇抗解脱技术是客舱徒手控制技术的重要组成部分,在航空安全员执勤工作中有着重要的意义和作用。

3.1.1 手腕部被控制的解脱技术

一、单手腕被单臂抓握的解脱技术

（一）被对方右手抓住右手腕的解脱

方法一：当被对方右手自上而下抓住右手腕进行拉扯时,应将左手快速从其右手腕下侧由下向上发力,同时右手由上向下交叉发力,形成交错力；发力短促迅速,右手腕即从对方虎口开口方向解脱,之后应迅速向后撤步,提手戒备控制距离,如图 3-1-1~图 3-1-3 所示。

图 3-1-1

图 3-1-2

图 3-1-3

动作视频 3-1:被对方右手抓住右手腕的解脱(方法一)

方法二:当被对方右手自上而下抓住右手腕时,应将右臂迅速外旋,同时由下往上用力屈肘回拉,身体右转,以对方虎口为支点,小臂为力臂,迅速使右手腕从对方虎口处以爆发力撬开收回手臂即可解脱;之后应迅速向后撤步,提手戒备控制距离,如图 3-1-4~图 3-1-6 所示。

图 3-1-4

图 3-1-5

图 3-1-6

动作视频 3-2:被对方右手抓住右手腕的解脱(方法二)

方法三:当被对方右手自上而下抓住右手腕时,应将右臂迅速向其胸口方向压肘挑掌,使右手腕从对方虎口处以爆发力撬开收回手臂即可解脱;之后应迅速向后撤步,提手戒备控制距离,如图 3-1-7~图 3-1-9 所示。

图 3-1-7

图 3-1-8

图 3-1-9

动作视频 3-3：被对方右手抓住右手腕的解脱（方法三）

（二）被对方右手抓住左手腕的解脱

方法一：当被对方右手自上而下抓住左手腕时，应将左手以对方虎口为支点，迅速压肘挑掌，使左手腕从对方虎口开口方向脱出；之后应迅速向后撤步，提手戒备控制距离，如图 3-1-10～图 3-1-12 所示。

图 3-1-10

图 3-1-11

图 3-1-12

动作视频 3-4：被对方右手抓住左手腕的解脱（方法一）

方法二：当被对方右手自上而下抓住左手腕时，应将左臂迅速由下往上用力屈肘回拉，同时身体右转，使左手腕从对方虎口开口方向脱出；之后应迅速向后撤步，提手戒备控制距离，如图 3-1-13～图 3-1-15 所示。

图 3-1-13

图 3-1-14

图 3-1-15

动作视频 3-5：被对方右手抓住左手腕的解脱（方法二）

二、单手腕被双臂抓握的解脱技术（以右手腕为例）

方法一：当被对方双手自上而下抓握右手腕时，应用左手快速抓握对方右手腕用力向上回拉，同时被抓手臂直臂往下伸，形成交错力，右腕从对方右手虎口开口方向脱出；随即，将右臂由下往上用力屈肘回拉，同时身体左转，使右腕从对方左手虎口开口方向脱出，即可解脱；之后应迅速双手将对方推开并向后撤步，提手戒备控制距离，如图3-1-16～图3-1-18所示。

图 3-1-16

图 3-1-17

图 3-1-18

动作视频 3-6：单手腕被双臂抓握的解脱技术（以右手腕为例）（方法一）

方法二：当被对方双手自上而下抓握右手腕时，应将左手迅速从对方两臂之间伸入，抓握住自己的右手，双手向上向自己身体方向撬转发力，同时身体左转，使右腕从对方双手虎口开口方向脱出，即可解脱；之后迅速将对方推开并向后撤步，提手戒备控制距离，如图3-1-19～图3-1-22所示。

图 3-1-19

图 3-1-20

图 3-1-21

图 3-1-22

动作视频 3-7：单手腕被双臂抓握的解脱技术（以右手腕为例）（方法二）

一、学员一对一喂靶练习

学员在实训馆场地内进行练习，面对面成两排相对而立，一排为操作手，另一排为配手。教师下达指令后，配手一方抓握操作手一方的手腕某一部位，操作手一方后迅速做出正确的解脱技术。

二、学员一对一反应练习

学员在实训馆场地内进行练习,面对面成两排相对而立,一排为操作手,另一排为配手。教师下达指令后,配手一方随机以单手或双手抓握操作手一方的任一手腕部位,操作手迅速做出正确的判断并进行解脱。

三、学员多对一反应练习

学员5~6人为一组,在实训馆场地内进行练习,指定一名学员为操作手,其他学员为配手。配手学员一路纵队站立,操作手在第一名学员正前方相对而立。教师下达指令后,第一名配手上前随机以单手或双手抓握操作手的任一手腕部位,操作手迅速做出正确的判断并进行解脱;第一名配手做完后迅速站到最后一名配手后面,第二名配手随即上前随机抓握操作手的任一手腕部位,操作手再迅速做出正确的判断并进行解脱。待每名配手循环一遍后,第一名配手与第一名操作手进行交换,依次循环进行练习。

3.1.2 胸肩部被控制的解脱技术

一、胸部被从正面单手抓住的解脱技术(以右手为例)

方法一:当被对方从正面右手抓住胸前衣领并翻腕向右拧转时,应快速用左手抓握对方右手,拇指第一指关节抵住对方手背,其余四指从对方拇指一侧抓握手心,用力向外掰的同时以拇指第一指关节向其掌背施加压力;使对方因掌背部瞬间产生剧烈的疼痛感而松手解脱;之后迅速将其推开并向后撤步,提手戒备控制距离,如图3-1-23~图3-1-27所示。

图 3-1-23

图 3-1-24

图 3-1-25

图 3-1-26

图 3-1-27

动作视频3-8:胸部被从正面单手抓住的解脱技术(以右手为例)(方法一)

方法二:当被对方从正面右手掌背向上抓住胸前衣领并向前拉扯时,应迅速以右手由下向上抓住对方右手掌背,手掌紧贴其掌背,左手抓握对方的右手腕,右脚向后撤步的同时向右转身,顺转身之势右手外旋折压对方右手掌腕关节,左手向右拧转其腕关节,左手拧转与右手外旋折压同时进行,随即左手腕向左后下方旋压对方右小臂,使对方因掌

动作视频3-9:胸部被从正面单手抓住的解脱技术(以右手为例)(方法二)

腕部和右小臂超出正常活动范围而松手解脱；之后迅速将对方推开并向后撤步，提手戒备控制距离，如图3-1-28～图3-1-33所示。

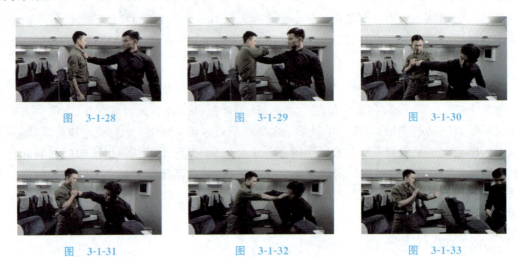

图 3-1-28　　　　　　　　图 3-1-29　　　　　　　　图 3-1-30

图 3-1-31　　　　　　　　图 3-1-32　　　　　　　　图 3-1-33

二、胸部被从正面双手抓住的解脱技术

当被对方从正面双手抓住胸前衣领时，应迅速将右手从其左臂外侧上抬，以右掌向前快速戳击对方咽喉部，随即向左转身，同时以右盘肘向左下方砸压其小臂腕关节部位以迅速解脱；解脱后应迅速双手推开对方，提手戒备控制距离，如图3-1-34～图3-1-38所示。

图 3-1-34　　　　　　　　图 3-1-35　　　　　　　　图 3-1-36

图 3-1-37　　　　　　　　图 3-1-38

动作视频3-10：胸部被从正面双手抓住的解脱技术

三、胸部被从侧面单手抓住的解脱技术

当坐在前侧安全员指定位置，被对方由右侧以右手抓住胸前衣领时，应快速以右手解开安全带，随即左手握拳以第二指关节处快速击打对方右手掌背部，使对方因掌背部瞬间产生剧烈的疼痛感而松手解脱；随即快速起身以双手将对方推开并向后撤步，提手戒备控制距离，如图3-1-39～图3-1-42所示。

图 3-1-39　　　　　　　图 3-1-40　　　　　　　图 3-1-41

图 3-1-42　　　　　　　动作视频 3-11：胸部被从侧面单手抓住的解脱技术

四、肩部被从后侧抓住的解脱技术

方法一：当被对方右手由后抓住左肩部时，应迅速向左后转身撤步，同时左臂迅速由下向上，由右向左逆时针旋压其手腕关节即可解脱；之后迅速向后撤步，提手戒备控制距离，如图 3-1-43～图 3-1-46 所示。

图 3-1-43　　　　　　　图 3-1-44　　　　　　　图 3-1-45

图 3-1-46　　　　　　　动作视频 3-12：肩部被从后侧抓住的解脱技术（方法一）

方法二：当被对方右手由后抓住右肩部时，应迅速向右后转身撤步，同时右臂迅速由下向上，由右向左逆时针旋压其手腕关节即可解脱；之后迅速向后撤步，提手戒备控制距离，如图 3-1-47～图 3-1-50 所示。

图 3-1-47　　　　　　　图 3-1-48　　　　　　　图 3-1-49

图 3-1-50

动作视频 3-13：肩部被从后侧抓住的解脱技术（方法二）

技能训练

一、学员一对一喂靶练习

（1）学员在客舱过道内一对一相对而立，一名学员为操作手，另一名学员为配手。教师下达指令后，配手一方抓握操作手一方的胸肩部，操作手一方迅速做出正确的解脱技术。两人一组，客舱过道内可多组同时进行练习。也可在实训馆场地内学员面对面成两排相对而立进行练习。

（2）学员在客舱过道内两人一组一前一后相向而立，前侧学员为操作手，后侧学员为配手。教师下达指令后，配手一方从后侧抓握操作手一方的左肩部或右肩部，操作手一方迅速做出正确的解脱技术。两人一组，客舱过道内可多组同时进行练习。也可在实训馆场地内学员两列横排相向而立进行练习。客舱坐式的解脱技术练习同理。

二、学员一对一反应练习

（1）学员在客舱过道内一对一相对而立，一名学员为操作手，另一名学员为配手。教师下达指令后，配手一方随机以单手或双手抓握操作手一方的胸肩部位，操作手迅速做出正确的判断并进行解脱。两人一组，客舱过道内可多组同时进行练习。也可在实训馆场地内学员面对面成两排相对而立进行练习。

（2）学员在客舱过道内两人一组一前一后相向而立，前侧学员为操作手，后侧学员为配手。教师下达指令后，配手一方从后侧随机抓握操作手一方的左肩部或右肩部，操作手迅速做出正确的判断并进行解脱。两人一组，客舱过道内可多组同时进行练习。也可在实训馆场地内学员成两排相向而立进行练习。客舱坐式的解脱技术练习同理。

三、学员多对一反应练习

学员5～6人为一组，在实训馆场地内进行练习，指定一名学员为操作手，其他学员为配手。将配手按1～5的顺序进行编号。配手学员围成圈将操作手围在中间，与操作手保持约1.5米距离。配手围着操作手顺时针或逆时针移动，教师随机下达1～5的指令后，该名配手站在操作手的哪个方位就从哪个方位上前随机抓握对方的胸肩部，操作手迅速做出正确的判断并进行解脱。每名操作手做5～6次后与其中一名配手进行交换依次循环进行练习，直至每名学员作为操作手练习完毕为一组。

3.1.3　头颈部被控制的解脱技术

一、由前被抓住头发的解脱技术（以右手为例）

当被对方由正面以右手抓住头发时，应迅速以双手掌心向下（右手在下左手在上）重叠按压对方右手掌,尽量将对方抓发的手掌与自己的头皮贴紧以缓解头皮疼痛;以双手掌下沿向前下方折压对方右手腕,顺势以右脚尖或右脚掌内侧踢击对方胫骨,使其因胫骨瞬间产生剧烈的疼痛而松手解脱;之后应迅速将其推开并向后撤步,提手戒备控制距离,如图 3-1-51～图 3-1-56 所示。

动作视频 3-14:由前被抓住头发的解脱技术(以右手为例)

图 3-1-51

图 3-1-52

图 3-1-53

图 3-1-54

图 3-1-55

图 3-1-56

二、由后被抓住头发的解脱技术(以右手为例)

当被对方由背后以右手抓住头发时,应迅速以右手按压被抓头部的手掌,使之尽量贴紧头皮以减缓疼痛;右后转身的同时右脚向后撤步,顺势以右脚尖或右脚掌外侧踢击对方的小腿胫骨,使其因胫骨瞬间产生剧烈的疼痛而松手解脱;随后迅速双手将对方推开并向后撤步,提手戒备控制距离,如图 3-1-57～图 3-1-61 所示。

图 3-1-57

图 3-1-58

图 3-1-59

图 3-1-60

图 3-1-61

动作视频 3-15:由后被抓住头发的解脱技术(以右手为例)

三、由右后被抓住头发的解脱技术(以左手为例,坐姿)

当坐在前侧安全员指定位置,被对方由右后以左手抓住头发时,应迅速以左手由下向上抓握住对方的左手掌背处,使之尽量贴紧头皮以减缓疼痛;同时右手快速解开安全带,随即以右顶肘快速击打对方的腹部,再顺势以右手掌背处击打对方的裆部,使其因腹部和裆部的瞬间疼痛而松手解脱；随即快速起身并以右手搭扣左手按压住对方的左手掌背处,快速向右后转身并将头部上顶,使其因左手掌腕部产生强烈的疼痛而松手解脱；随即双手将对方推开并向后撤步,提手戒备控制距离,如图 3-1-62～图 3-1-66 所示。

图 3-1-62

图 3-1-63

图 3-1-64

图 3-1-65

图 3-1-66

动作视频 3-16：由右后被抓住头发的解脱技术（以左手为例,坐姿）

四、由前被单手掐锁颈部的解脱技术（以右手为例）

方法一：两人相对而立,当被对方右手由前掐锁喉颈部时,应用右手掌心迅速向左前方推击对方的右小臂,同时右脚向后撤步以瞬间解脱；之后迅速向后撤步,提手戒备控制距离,如图 3-1-67～图 3-1-69 所示。

图 3-1-67

图 3-1-68

图 3-1-69

动作视频 3-17：由前被单手掐锁颈部的解脱技术（以右手为例）（方法一）

方法二：当坐在前侧安全员指定位置,被对方右手由前掐锁喉颈部时,应迅速以右手快速解开安全带；身体右转的同时,左手向左推其右小臂解脱,对方的身体会因前顶掐喉的力量前冲而失去重心前倾；之后应迅速起身双手将其推开并向后撤步,提手戒备控制距离,如图 3-1-70～图 3-1-74 所示。

模块3 民航客舱遇抗解脱与控制技术

图 3-1-70

图 3-1-71

图 3-1-72

图 3-1-73

图 3-1-74

动作视频3-18：由前被单手掐锁颈部的解脱技术（以右手为例）（方法二）

五、由前被双手掐锁颈部的解脱技术

方法一：当被对方双手由前掐锁颈部时，应以右手迅速从对方双臂间斜向上穿，左手随即从其右臂外侧握住自己的右手，之后向左转身，双臂合力由右向上向左下盘肘进行解脱；解脱后应迅速双手推开对方并向后撤步，提手戒备控制距离，如图3-1-75～图3-1-79所示。

图 3-1-75

图 3-1-76

图 3-1-77

图 3-1-78

图 3-1-79

动作视频3-19：由前被双手掐锁颈部的解脱技术（方法一）

方法二：当被对方双手由前掐锁颈部时，应左脚快速向后撤步，身体左转的同时右臂迅速由右向上向左下方逆时针盘肘，以右大臂盘压对方手腕关节进行解脱；随后迅速双手推开对方并向后撤步，提手戒备控制距离，如图3-1-80～图3-1-83所示。

图 3-1-80

图 3-1-81

图 3-1-82

图 3-1-83

动作视频 3-20：由前被双手掐锁颈部的解脱技术（方法二）

六、由侧面被双手掐锁颈部的解脱技术

当坐在前侧安全员指定位置，被对方由侧面以双手掐锁颈部时，应迅速以左手抓握住对方的右手腕，并用力向前下拉，同时右手快速解开安全带；随后双手同时向下拽拉其右手腕，并快速起身向右后转身以向右旋拧对方的右小臂并外掰，使其因右小臂内侧产生强烈的疼痛而松懈；随后以双手将对方推开并向后撤步，提手戒备控制距离，如图 3-1-84～图 3-1-89 所示。

动作视频 3-21：由侧面被双手掐锁颈部的解脱技术

图 3-1-84

图 3-1-85

图 3-1-86

图 3-1-87

图 3-1-88

图 3-1-89

七、由后被勒住颈部的解脱技术

方法一：当被对方从身后接近偷袭，突然用右手紧勒住颈部时，第一反应是双手迅速抓握住对方右小臂并将身体重心下降，以保证自己能够正常呼吸；收下颚，左手屈肘向后以左后顶肘击打对方的胸窝处；当对方被攻击后，势必会松懈右手勒颈控制的力量，再左手顺势拍击其裆部；被拍裆后对方会因瞬间的疼痛而松手解脱。这两个动作足以使对方瞬间失去反抗能力，但动作必须连贯，一气呵成。解脱后应迅速双手推开对方并向后撤步，提手戒备控制距离，如图 3-1-90～图 3-1-93 所示。

图 3-1-90

图 3-1-91

图 3-1-92

图 3-1-93

动作视频 3-22：由后被勒住颈部的解脱技术（方法一）

方法二：当坐在前侧安全员指定位置，被对方由后侧以左手抓握右手腕，以右小臂勒住你颈部时，应双手快速抓握住对方的右小臂并用力下拉，以保证自己能够正常呼吸；右手快速解开安全带，随后双脚用力蹬地起身，双手紧抓对方的右小臂并用力下拉的同时，身体迅速向右后转身以向右旋拧对方的右小臂并外掰，使其因右小臂内侧产生强烈的疼痛而松懈；解脱后应迅速双手推开对方并向后撤步，提手戒备控制距离，如图 3-1-94～图 3-1-99 所示。

动作视频 3-23：由后被勒住颈部的解脱技术（方法二）

图 3-1-94

图 3-1-95

图 3-1-96

图 3-1-97

图 3-1-98

图 3-1-99

技能训练

一、学员一对一喂靶练习

（1）站立式技术学员可在实训馆场地内或客舱过道内相对而立或相向而立进行练习，一名学员为操作手，另一名学员为配手。教师下达指令后，配手一方抓握操作手一方的指定部位，操作手一方按照要求迅速做出正确的解脱技术。两人一组，可多组同时进行练习。

（2）学员在客舱内两人一组进行练习，操作手坐在过道左侧靠近过道的座位上，配手在操作手后侧过道内。教师下达指令后，配手一方从后侧或右后侧抓握操作手的指定部位，操作手一方迅速做出正确的解脱技术。可多组同时进行练习。

二、学员一对一反应练习

（1）站立式技术学员可在实训馆场地内或客舱过道内进行练习，一名学员为操作手，另一名学员为配手,教师下达指令后,配手一方随机抓握或掐锁操作手一方的头颈部某一部位,操作手迅速做出正确的判断并进行解脱。两人一组,可多组同时进行练习。

(2)学员在客舱内两人一组,操作手坐在过道左侧一侧座位上,配手在操作手后侧过道内。教师下达指令后,配手一方随机抓握或掐锁操作手一方的头颈部某一部位,操作手迅速做出正确的判断并进行解脱。两人一组,可多组同时进行练习。

三、学员多对一反应练习

学员 5~6 人为一组,在实训馆场地内进行练习,指定一名学员为操作手,其他学员为配手。将配手按 1~5 的顺序进行编号。配手学员围成圈将操作手围在中间,与操作手保持约 1.5 米距离,配手围着操作手顺时针或逆时针移动。教师随机下达 1~5 的指令后,该名配手站在操作手的哪个方位就从哪个方位上前随机抓握或掐锁对方的头颈部,操作手迅速做出正确的判断并进行解脱。每名操作手做 5~6 次后与其中一名配手进行交换,依次循环进行练习,直至每名学员作为操作手练习完毕为一组。

3.1.4 腰背部被控制的解脱技术

一、由前被双手环抱腰背部的解脱技术

方法一:当被对方双手由前向后欲连同手臂一起环抱住腰背部时,应迅速将身体重心下降,双手掌根抵住对方的髂骨快速向前推击,随即双臂屈肘回拉解脱,同时双脚向后撤步移动,提手戒备控制距离,如图 3-1-100~图 3-1-103 所示。

图 3-1-100

图 3-1-101

图 3-1-102

图 3-1-103

动作视频 3-24:由前被双手环抱腰背部的解脱技术(方法一)

方法二:当被对方双手由前向后欲环抱住腰背部时,应双脚迅速向后移动,重心下降,双手握拳以拇指第一指关节抵住对方的肋部两侧,并同时向上速刺按压,使对方因肋部两侧瞬间产生疼痛而松手解脱。解脱后顺势双手将其推开并向后撤步,提手戒备控制距离,如图 3-1-104~图 3-1-106 所示。

动作视频 3-25:由前被双手环抱腰背部的解脱技术(方法二)

图 3-1-104

图 3-1-105

图 3-1-106

二、由后被双手环抱腰背部的解脱技术

方法一：当被对方从背后偷袭，双手由后向前环抱住双臂和腰背部时，应迅速将重心下沉，同时两大臂迅速上抬，使其对双臂的环抱松懈；臀部顺势向右侧挪动，左手顺势拍击对手的裆部，使其因裆部的疼痛而松脱对自己双臂的控制，随即双手迅速将其推开并后撤，提手戒备控制距离；如果在向上抬双臂以挣脱对方的控制时，被对方的双臂顺势夹住了头颈部，应顺势以左后顶肘快速击打对方胸窝处，随后再次拍击对方的裆部，这次拍击足以削弱对方的控制和抵抗能力，之后迅速双手推开对方并向后撤步，提手戒备控制距离，如图 3-1-107～图 3-1-111 所示。

图 3-1-107

图 3-1-108

图 3-1-109

图 3-1-110

图 3-1-111

动作视频 3-26：由后被双手环抱腰背部的解脱技术（方法一）

方法二：当被对方从背后偷袭，双手由后向前以抓腕的方式环抱住腰背部时，应迅速将重心下降，防止被对方抱起摔倒，此时右手握拳以第二指关节处快速击打对方外侧手的掌背部，使对方因掌背部瞬间产生剧烈的疼痛感而松手解脱；随即迅速双手将对方推开并向后撤步，提手戒备控制距离，如图 3-1-112～图 3-1-115 所示。

图 3-1-112

图 3-1-113

图 3-1-114

图 3-1-115

动作视频 3-27：由后被双手环抱腰背部的解脱技术（方法二）

一、学员一对一喂靶练习

学员可在实训馆场地内或客舱过道内相对而立或相向而立进行练习，一名学员为操作手，另一名学员为配手。教师下达指令后，配手一方由前或由后环抱住操作手一方的腰背部，操作手一方按照要求迅速做出正确的解脱技术。两人一组，可多组同时进行练习。

二、学员一对一反应练习

学员可在实训馆场地内或客舱过道内相对而立或相向而立进行练习，一名学员为操作手，另一名学员为配手。教师下达指令后，配手一方随机由前或由后环抱住对方的腰背部，操作手迅速做出正确的判断并进行解脱。两人一组，可多组同时进行练习。

三、学员多对一反应练习

学员 5～6 人为一组，在实训馆场地内进行练习，指定一名学员为操作手，其他学员为配手。配手学员一路纵队站立，操作手在第一名学员正前方相对而立或相向而立并闭上眼睛。教师下达指令后，第一名配手上前随机由前或由后环抱住对方的腰背部，操作手睁开眼睛迅速做出正确的判断并进行解脱，解脱后继续闭上眼睛。第一名配手做完后迅速站到最后一名配手后面，第二名配手继续按要求进行练习，待每名配手循环一遍后，第一名配手与第一名操作手进行交换，依次循环进行练习。直至每名学员作为操作手练习完毕为一组。

3.2 民航客舱遇抗解脱控制技术

民航客舱中的遇抗解脱控制技术，是指航空安全员、机组人员或乘客在被犯罪嫌疑人利用肢体动作进行纠缠的情况下，利用各种有效的攻防技巧摆脱对方的纠缠，并利用反关节、压点等技巧反控制对方的技术。相对于攻击技术而言，遇抗解脱控制技术对抗的激烈程度小，技术动作隐蔽、幅度较小、简单有效，可避免引起其他乘客、公众或媒体的误解，以防止矛盾激化，避免事态升级。

遇抗解脱控制技术主要根据现实情况中的两类不同暴力类型所制定：一种为基于徒手的遇抗解脱控制法，常用于受到徒手的纠缠或一般的手脚被控制、颈部、腰部被控制等类似情况的解脱控制技术。其要点在于：利用力学原理和人体骨骼结构，在解脱的基础上对人体局部关节以抓、折、按、撅、拧等反擒拿技术进行控制。另一种为基于刀械的解脱控制技术。其主要特点是：利用人体生理弱点，进行全方位的多点攻击，转移犯罪嫌疑人的注意力进行解脱。解脱时的攻击动作迅猛、有力、连贯、节奏感强，辅之以摔、打、擒、拿、折等技术进行关节控制。

在民航客舱内出现的突发情况，除了恐怖事件外，多是乘客间或乘客与机组或空乘人员之间产生的矛盾，以及因个别乘客一些利益需求得不到满足时引发的冲突。事件起因多为琐事，处理恰当及时,能够平息事端。相反,矛盾被激化,事态就会升级,从而一发不可收拾。遇抗解脱控制技术多是利用小技巧处理肢体纠缠事件,动作幅度小且隐蔽,既可以避免了挣脱纠缠时对乘客的伤害,以及大众媒体的误解,也可以使乘客激动的情绪降温,保障了机组或空乘人员的威严,避免对抗升级,从而促使事件和平解决。

3.2.1 胸部的遇抗解脱控制技术

一、胸部被从正面单手抓住的解脱控制技术(以右手为例)

方法一:当被对方从正面右手抓住胸前衣领并翻腕向右拧转时,在进行语言劝阻无效的同时左手随即抓握对方右手,拇指第一指关节抵在对方手背处,其余四指从对方拇指一侧抓握手心,同时右手掌心向上从下侧搂抓对方的肘关节,左手外掰触压手背,同时右手向右后拉带对方的右肘关节,并伴以语言控制,随即左手从其左腋下后侧前插,右手从其右肩上前插,左手抓握右手手腕,同时右手握拳,双手握紧同时向右下方发力,以拇指第二指关节向后下速刺按压对方的胸骨剑突位置,以安全带式的方法将对方控制,如图3-2-1~图3-2-4所示。

图 3-2-1

图 3-2-2

图 3-2-3

图 3-2-4

动作视频 3-28:胸部被从正面单手抓住的解脱控制技术(以右手为例)(方法一)

方法二:当被对方从正面右手抓住胸前衣领掌背向上并向前拉扯时,在进行语言劝阻无效的同时,迅速以右手由下向上抓住对方右手掌背,手掌紧贴其掌背,右脚向后撤步的同时向右转身,顺转身之势右手外旋折压对方右手掌腕关节,并以左小臂砍压对方右臂肘关节,砍肘撤步一致,并伴以语言控制,使对方因掌腕部和肘关节超出正常活动范围而松懈抓握的力量,随即右手向对方掌背部推折其右小臂,以拉肘别臂将对方控制,如图3-2-5~图3-2-10所示。

动作视频 3-29:胸部被从正面单手抓住的解脱控制技术(以右手为例)(方法二)

图 3-2-5

图 3-2-6

图 3-2-7

图 3-2-8

图 3-2-9

图 3-2-10

二、胸部被从侧面单手抓住的解脱控制技术

当坐在前侧安全员指定位置,被对方由右侧以右手抓住你的胸前衣领时,在对对方进行语言劝阻的同时,左手应快速解开安全带,随即起身;在对方不听劝阻并持续拽拉,警告无效后,应迅速以左手抓握其右手腕,右手从其右臂下穿过搂抓其右肘关节外侧,并向下拉对方右臂,右手顺势向上推其右肘关节,随后以左手掌搭扣右手掌,以右手掌根部猛地向后下方速刺按压对方鼻梁处将其控制,如图 3-2-11~图 3-2-15 所示。

图 3-2-11

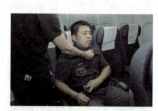
图 3-2-12

图 3-2-13

图 3-2-14

图 3-2-15

动作视频 3-30:胸部被从侧面单手抓住的解脱控制技术

技能训练

一、学员一对一喂靶练习

学员可在客舱内进行练习,一名学员为操作手,另一名学员为配手。教师下达指令后,配手一方由正面或侧面抓住操作手一方的胸部,操作手一方按照要求迅速做出正确的解脱控制技术。两人一组,可多组同时进行练习。

二、学员一对一反应练习

学员在客舱内进行练习,一名学员为操作手,另一名学员为配手。教师下达指令后,配手一方随机由正面或侧面抓住操作手一方的胸部,操作手迅速做出正确的判断使用所学技术进行解脱控制。两人一组,可多组同时进行练习。

3.2.2 头颈部的遇抗解脱控制技术

一、由前被抓住头发的解脱控制技术(以右手为例)

当被对方由正面以右手抓住头发时,应迅速以双手掌心向下(右手在下左手在上)重叠按

模块3 民航客舱遇抗解脱与控制技术

压对方右手掌,尽量将对方抓发的手掌与你头皮贴紧以缓解头皮疼痛;在进行语言劝阻无效的同时快速向后撤步,身体向后向下移动牵拉,以双手掌下沿切压对方右手腕,使对方右手手腕关节反方向运转,在向后向下接近下蹲时,迅速向右侧拧转,双手由重叠变成切、折对方腕部,使其因手腕部超出正常活动范围产生强烈的疼痛感而松手解脱;随后双手向后上方提拉折压对方的右手腕,左腋下固定对方的右大臂并下压,将对方控制在座椅一侧,以折腕腋固将对方控制,如图3-2-16～图3-2-21所示。

动作视频3-31：由前被抓住头发的解脱控制技术(以右手为例)

图 3-2-16

图 3-2-17

图 3-2-18

图 3-2-19

图 3-2-20

图 3-2-21

二、由后被勒住颈部的解脱控制技术

当被对方从身后接近偷袭,突然用右手紧勒住颈部时,第一反应是双手迅速抓握住对方右小臂并将身体重心下降,以保证自己能够正常呼吸,收下颚,左手屈肘向后以左后顶肘击打对方的胸窝处;当对方胸窝处遭到击打后,势必会松懈右手勒颈控制的力量,此时应以左手顺势再拍击他的裆部,对方被拍裆后会因瞬间的强烈疼痛而松手解脱;此时双手顺势将对方右小臂向自己胸口方向拽拉,并固定在胸口处,同时身体迅速从左侧向后转身将头颈部从其腋下解脱,解脱后双手紧抓住对方右小臂的同时,胸部抵住对方的右肘关节,迅速利用狭小空间的优势将对方抵靠到座椅外侧,封住对方的右肘关节,随后左手由下向上插入其肘关节,以拉肘别臂将对方控制,并伴以语言控制,右手随即可从后侧扣抓其左锁骨处,或以右手由右向左扳拧其下颌处将对方控制,如图3-2-22～图3-2-27所示。

动作视频3-32：由后被勒住颈部的解脱控制技术

图 3-2-22

图 3-2-23

图 3-2-24

图 3-2-25

图 3-2-26

图 3-2-27

三、由前被刀械控制颈部的解脱控制技术

方法一：当坐在前侧安全员指定位置，被对方由前侧持匕首放置于左侧颈部实施威胁时，在进行语言劝阻无效的同时，应迅速以左手抓握对方的右手腕并向左侧拉拽，同时右手快速解开安全带，顺势以右直拳快速击打对方的裆部，随即快速起身的同时再以右横击肘连续击打对方的面部，使其因裆部和面部遭受重击后瞬间产生强烈的疼痛而失去反抗能力，随即双手抓握对方右臂向左前方的隔板进行撞击，使其因小臂产生剧烈疼痛而将匕首脱手，之后双手抓腕向左后方拉拽并外掰折腕，将对方控制在座椅上，如图 3-2-28～图 3-2-32 所示。

图 3-2-28

图 3-2-29

图 3-2-30

图 3-2-31

图 3-2-32

动作视频 3-33：由前被刀械控制颈部的解脱控制技术（方法一）

方法二：当坐在前侧安全员指定位置，被对方由前侧持匕首放置于右侧颈部实施威胁时，在进行语言劝阻无效的同时，应迅速以左手向右前方推抓其右小臂的同时，右手快速解开安全带，快速起身的同时以右手掌跟快速连续击打对方的面部，掌根要对其鼻骨造成压力，右手顺势由外向里抓握住对方的右小臂，左手压其肘关节上侧，并伴以语言控制，双手同时向右向下发力，将其持匕首的右臂控制在右侧椅背或座椅缝隙处，右手随即从其手心一侧卸下其匕首，解除其威胁并将其控制，如图 3-2-33～图 3-2-37 所示。

图 3-2-33

图 3-2-34

图 3-2-35

图 3-2-36

图 3-2-37

动作视频 3-34：由前被刀械控制颈部的解脱控制技术（方法二）

四、由侧面被刀械控制颈部的解脱控制技术

当坐在前侧安全员指定位置，被对方由右后侧持匕首放置于颈部正前方实施威胁时，应迅速以左手抓握对方的右手腕并向左侧拉拽，同时身体向右侧闪，右手快速解开安全带，顺势以右顶肘快速击打对方的右肋部或裆部，快速起身的同时，双手抓握对方右小臂向左前方的隔板进行猛烈撞击，使其因小臂产生剧烈疼痛而将匕首脱手，随即右手向前下方推压对方的面部，以右手拇指和中指同时按压对方的颧骨凹陷处，左手外掰折腕，将对方控制在前侧座椅一侧，如图 3-2-38～图 3-2-42 所示。

图 3-2-38

图 3-2-39

图 3-2-40

图 3-2-41

图 3-2-42

动作视频 3-35：由侧面被刀械控制颈部的解脱控制技术

技能训练

一、学员一对一喂靶练习

学员在客舱内进行练习，一名学员为操作手，另一名学员为配手。教师下达指令后，配手一方由不同方向徒手或持匕首控制操作手一方的头颈部，操作手一方按照要求迅速做出正确的解脱控制技术。两人一组，可多组同时进行练习。

二、学员一对一反应练习

学员在客舱内进行练习，一名学员为操作手，另一名学员为配手。教师下达指令后，配手一方随机由不同方向徒手或持匕首控制操作手一方的头颈部，操作手迅速做出正确的判断并运用所学技术实施解脱控制。两人一组，可多组同时进行练习。

3.2.3 腰背部的遇抗解脱控制技术

一、由后被双手环抱住双臂及腰背部的解脱控制技术

当被对方从背后偷袭,双手由后向前环抱住双臂和腰背部时,应迅速将重心下沉,同时两大臂迅速上抬,使对方松懈,之后顺势臀部向右侧挪动,左手顺势拍击对手的裆部,使其因裆部的疼痛而松脱对双臂的控制,随后身体向左后转身的同时,左臂由下向上由左向右以左大臂顺时针向下旋压对方右肩关节,右手抓住自己的左手腕,头颈部向后伸,并利用狭小空间的优势将对方控制在座椅外侧,以转身压肩将对方控制,如图 3-2-43~图 3-2-48 所示。

动作视频 3-36:由后被双手环抱住双臂及腰背部的解脱控制技术

图 3-2-43

图 3-2-44

图 3-2-45

图 3-2-46

图 3-2-47

图 3-2-48

二、由后被双手环抱住腰背部的解脱控制技术

当被对方从背后偷袭,双手由后向前以抓腕的方式环抱住腰背部时,应迅速将重心下降,防止被对方抱起摔倒;此时右手握拳以第二指关节处快速击打对方外侧手的掌背部,使对方因掌背部瞬间产生剧烈的疼痛感而松手解脱,随即右手向下向后猛推并抓住对方的左手腕,并向左后转身的同时,左手从其左小臂外侧由上向下插入抓握住自己的右小臂,并利用狭小空间的优势将对方控制在座椅外侧,以转身别臂将对方控制,如图 3-2-49~图 3-2-54 所示。

动作视频 3-37:由后被双手环抱住腰背部的解脱控制技术

图 3-2-49

图 3-2-50

图 3-2-51

图 3-2-52　　　　　　　　　图 3-2-53　　　　　　　　　图 3-2-54

一、学员一对一喂靶练习

学员在客舱内进行练习,一名学员为操作手,另一名学员为配手。教师下达指令后,配手一方由后环抱住对方的双臂或腰背部,操作手一方按照要求迅速做出正确的解脱控制技术。两人一组,可多组同时进行练习。

二、学员一对一反应练习

学员在客舱内进行练习,一名学员为操作手,另一名学员为配手。教师下达指令后,配手一方随机由后环抱住对方的双臂或腰背部,操作手迅速做出正确的判断并实施解脱控制技术。两人一组,可多组同时进行练习。

3.3　项目综合实训

一、训练目标

锻炼和培养学习者应对客舱一般性扰乱事件的自我保护、第三方保护的知识和技能。通过学习使学员掌握在客舱遇抗过程中的处置方法;掌握自我防卫所需的客舱遇抗解脱技术和遇抗解脱与控制技术;培养其勇敢顽强、沉着冷静、果断机制的意志品质,最终使学员在知识和技能上对自我做一个全面的防护,进一步强化航空安全员的岗位勤务能力,从而确保航空器内机组人员和所有乘客的人身安全以及航空器的飞行安全。

二、综合实训任务描述

通过分组设定航空器在飞行过程中出现的一般性扰乱客舱秩序的情境,小组成员分别担任不同的角色,进行角色互换综合实训,进一步提高航空安全员在遇到客舱突发扰乱事件时,能够临危不乱,运用所学技术,选择适合自己的解脱技术或解脱控制技术快速合理有效进行处置的能力。主要锻炼学员客舱遇抗解脱技术和遇抗解脱控制技术的实战运用能力。

三、实施方法与步骤

综合实训主要采取行动导向教学方法,以教师为主导、学生为主体,分组进行,学生轮流担任航空安全员的角色,将阶段化的学习训练成果投入到模拟的客舱情境中去进行演练。可提高学生自我分析问题解决问题的能力,发挥学生的主体作用和主观能动性,发掘学生的潜能,可有效的培养学生的职业综合能力。

四、注意事项

综合实训过程中注意客舱场景设置要符合客舱工作实际,技术运用要注意安全,相关实训防护器材装备要提前准备检查就绪。

任务评价

本项目进行过程化、阶段性任务考核评价,针对项目中的不同任务逐一进行技术考核,并结合项目情境进行项目综合实训,旨在锻炼和提高学员在遇到客舱突发事件时,能够临危不乱,选择适合自己的解脱技术与解脱控制技术进行快速合理有效处置的能力。针对不同教学内容来制定相应的考核评价标准。考核标准的量化和细化,明确了学习者的考核要点,为教师客观评价提供依据。具体考核标准见表 3-1 和表 3-2。

表 3-1　遇抗解脱与控制技术评价标准

评价要点	优:90~100 分	良:80~89 分	中:70~79 分	及格:60~69 分	不及格:59 分以下
动作规范标准	正确	较正确(准确度稍差)	一般(轻微错误)	有较明显的错误	严重错误
动作连贯协调	连贯协调	较连贯协调	连贯性或协调性有一项较差	连贯性或协调性有显著不足	动作明显僵硬且没有连贯性
力量、速度幅度、灵敏	技术具有四项要素	技术具有三项要素	技术具有二项要素技术	具有一项要素	没有具备任何项要素
动作意识	强	较强	一般	较差	动作没有意识

表 3-2　项目综合实训评价标准

优:90~100 分	反应迅速,判断准确,技术娴熟,方法得当,控制有效,时机掌握恰当,动作连贯有力,技术运用合理
良:80~90 分	动作较灵活,距离感较强,时机掌握恰当,反应及时,动作连贯,完整有力,技术运用较合理
中:70~80 分	动作运用较为连贯,抓握松懈,反应慢,动作无力,技术运用较合理
及格:60~70 分	能够勉强完成动作技术,衔接不够连贯,解脱与控制不熟练,动作有停顿
不及格:59 分以下	动作技术运用错误,无法有效解脱和控制对方

思考题:

(1) 什么是民航客舱防卫中的遇抗解脱与控制技术?遇抗解脱与控制技术在航空安全员执勤过程中所发挥的作用是什么?

(2) 航空安全员在民航客舱防卫中运用遇抗解脱与控制技术的依据是什么?

(3) 你作为航空安全员,在执勤过程中突遇被犯罪嫌疑人抱住或被刀械控制威胁时,你会做出什么反应?

模块 4

民航客舱突袭控制技术

  知识目标

（1）正确认识民航客舱突袭控制技术；
（2）了解突袭控制技术在航空安全员执勤过程中所发挥的作用。

  能力目标

（1）熟练掌握民航客舱突袭控制技术；
（2）在航空器飞行过程中结合实际工作中的情势预判，能够将所学技术随机应变、灵活运用。

  案例导入

2018年1月29日上午，微博网友@CGO爱科学的好少年发文称：刚刚乘坐由上海浦东经停郑州飞往西宁的HO1069航班。飞机起飞后不久，飞过崇明岛附近上空时，客舱后部传来争吵声，后来发现是一名男性旅客情绪异常，宣称其遭人陷害、投毒。客舱广播应其要求在机上寻找医生乘客。后来这名乘客试图朝客舱前部走去，被乘务人员控制后使其回到后排座位坐下，并由两位乘务员看管。据这名乘客所述，他来自河南安阳滑县。飞机降落郑州后男子被警方带走。

对此，1月29日，吉祥航空给澎湃新闻（www.thepaper.cn）记者发来《关于1月29日吉祥航空HO1069航班旅客扰乱客舱秩序的情况说明》。

说明称，1月29日，吉祥航空HO1069航班在执行上海浦东至郑州段时，起飞约15分钟后，机上一名男性旅客突然大声呼喊，称其在饮用水中被投毒而导致身体不适，随后倒地并用脚踢踹乘务员，要求寻找医生。机组人员接报后立即广播寻找医生。乘务长发现该名男子起身并有意向客舱前部驾驶舱方向移动，为防止冲击驾驶舱等危害航空安全的情况发生，机上安全员和乘务员立即将该名男子控制在后舱26排进行全程监控。机组人员按照相应流程对现场情况进行取证保留。在确认航班状况整体可控后，机组决定继续执行航班。上午8时44分该航班在郑州机场安全落地。随后涉事男子被移交公安部门接受进一步调查处理。HO1069后续航段正常执行。

说明表示,本次航班机组冷静应对突发事件,并按照程序处置,对航班的安全运行以及同机旅客未造成威胁。

(案例来源:澎湃新闻. 男乘客飞机上大叫水有毒并踢踹空乘,被移交警方. http://news.jstv.com/a/20180129/1517211574322.shtml,2018-01-29)

任务分析

航空安全员或空乘人员在实际工作中会时常遇到类似上述案例中扰乱客舱秩序的突发事件,或是一些相对更恶劣的行为或事件,都将直接影响航空器的正常飞行和机上人员的人身财产安全。为了确保航空器的绝对安全,航空安全员必须具备客舱防卫中的突袭控制技术,以在最短的时间内,在违法犯罪嫌疑人毫无防备或根本来不及防备的情况下快速突袭,以主动控制的技术快速有效地将其控制,以确保航空器和机上人员的绝对安全。

教学内容

4.1 民航客舱突袭控制基本技术

突袭控制基本技术是航空安全员为了保障客舱乘客或航空器的安全,在入职、初训等培训过程中必须掌握的客舱内最基本、最常用的主动控制技巧。

4.1.1 手臂部的控制

一、翻掌折指控制技术

航空安全员由后侧接近对方,左手抓握对方右肘关节,并贴紧自己的躯干部位,同时右手抓握对方的4根手指,与对方的掌心相对,大拇指抓握对方手掌背的掌指关节,其他4指抓握对方掌心一侧的掌指关节,随即向前向上使对方的掌背背伸并向内旋,以折压对方的掌、腕关节将对方控制,之后右手也可将对方的掌腕关节继续内旋,将其小臂背向其身后以控制对方,如图4-1-1~图4-1-6所示。

动作视频 4-1:翻掌折指控制技术

图 4-1-1

图 4-1-2

图 4-1-3

图 4-1-4

图 4-1-5

图 4-1-6

二、夹肘折腕控制技术

航空安全员由后侧接近对方,左手掌心向下虎口朝前抓握对方右手腕,右手搂抓其右肘关节,左手上挑其右小臂的同时,右手向后回拉其肘关节至自己的左腋下夹紧,左手折对方手腕,右手撤出迅速搭扣左手,两手同时折其手腕,以夹肘折腕将对方控制,如图 4-1-7～图 4-1-10 所示。

图 4-1-7

图 4-1-8

图 4-1-9

图 4-1-10

动作视频 4-2:夹肘折腕控制技术

三、拉肘别臂控制技术

航空安全员由后侧接近对方,右手虎口向下快速抓住对方的肘关节内侧,左手手腕紧贴其右手腕外侧,并顺势向上提其右手腕,右手微向上提拉,顺势向自己腹部方向拉其肘部,使其屈肘,左手随即上穿扣抓其右大臂;身体拧腰右转,左臂屈肘夹紧其右小臂,右手摁压其右肘关节于腹部,迫使其身体前倾将其控制在座椅一侧,以夹肘、别臂控制住对方,如图 4-1-11～图 4-1-14 所示。

图 4-1-11

图 4-1-12

图 4-1-13

图 4-1-14

动作视频 4-3:拉肘别臂控制技术

四、直臂压肘控制技术

航空安全员由后侧接近对方,右手由后从对方右臂外侧抱住其小臂,左手由后从其右臂内侧插入以大小臂抱住其右肘关节,整个身体与双手同时向右下方拧转发力,使对方因右肘关节活动受限而向前下方失去重心,随即左手抽出至其右肘关节上侧肱三头肌处并用力下压,以直臂压肘将对方压制到座椅一侧,以直臂压肘将对方控制,如图4-1-15～图4-1-18所示。

图 4-1-15

图 4-1-16

图 4-1-17

图 4-1-18

动作视频4-4：直臂压肘控制技术

技能训练

一、学员一对一喂靶练习

学员可在实训馆场地内或客舱过道内相向而立进行练习,一名学员为操作手,另一名学员为配手。教师下达指令后,操作手一方由后上前按照要求使用某一技术控制住配手一方的手臂部。两人一组,可多组同时进行练习,先分解后完整。

二、学员一对一反应练习

学员可在实训馆场地内或客舱过道内相向而立进行练习,一名学员为操作手,另一名学员为配手。教师下达指令后,操作手一方由后上前随机使用任一所学基本技术控制住配手一方的手臂部。两人一组,可多组同时进行练习。

4.1.2 头颈背部的控制

一、圈肘别肩拧颈控制技术

航空安全员由后侧接近对方,右手从其右臂外侧由前向后圈抱住对方的右肘关节,并向右后侧扳拧,同时左手从对方颈部左侧由后向前插入,左手立掌掌背贴于其右下颚处并向左后侧扳拧,此时身体需要紧紧贴住对方的背部,双手向后扳拧的同时右脚向后撤步,使对方身体重心后倒,以圈肘别肩拧颈控制技术将对方控制,如图4-1-19～图4-1-22所示。

图 4-1-19

图 4-1-20

图 4-1-21

图 4-1-22

动作视频 4-5：圈肘别肩拧颈控制技术

二、压颈别肩控制技术

航空安全员由后悄悄接近对方，双手迅速从其腋下前插上穿至对方颈后，双手交叉扣抓并迅速向前下方压其颈部，迫使其头部前倾；同时大臂上抬，右脚随即向后撤一小步，以左髋关节前侧抵住对方臀部，使其身体失去重心后倒，双手交叉压颈迫使其颈椎的活动弧度受到限制，大臂上抬向后别肩使其双臂活动受限，从而使其失去反抗能力将其控制，如图 4-1-23～图 4-1-26 所示。

图 4-1-23

图 4-1-24

图 4-1-25

图 4-1-26

动作视频 4-6：压颈别肩控制技术

三、触压剑突锁背控制技术（安全带）

航空安全员由后快速接近对方，右脚上步与对方两脚之间，同时左手从其左腋下后侧前插，右手从其右肩上前插，左手抓握自己的右手腕，同时右手握拳，以拇指第二指关节处按压在对方的胸骨剑突位置，双手握紧双臂紧抱对方胸背部，同时向后下方发力速刺按压对方胸骨剑突，以锁控对方背部的方式将对方控制，如图 4-1-27～图 4-1-30 所示。

图 4-1-27

图 4-1-28

图 4-1-29

图 4-1-30

动作视频 4-7：触压剑突锁背控制技术（安全带）

四、触压下颌骨角控制技术

当对方蹲坐双手紧抓座椅一侧不放，抗拒带离或拒绝配合时，航空安全员由后侧接近对方，左手将其头固定在自己的肩胛处，右手握拳拇指伸直，以指尖置于其下颌骨角处，向其鼻尖方向持续施加压力，并伴以语言控制令其松手后，停止施压并迅速转换其他方式将其控制；运用此技术也可快速解脱蹲姿抱住第三方大腿不放人员的无理纠缠，如图 4-1-31～图 4-1-34 所示。

图 4-1-31

图 4-1-32

图 4-1-33

图 4-1-34

动作视频 4-8：触压下颌骨角控制技术

【动作要点】

（1）下颌骨角位于耳后下面，以拇指尖为着力点，向斜前方鼻尖方向进行施压。

（2）左手固定要牢，找点和发力要准确。

五、触压舌下神经控制技术

当对方蹲坐双手紧抓座椅一侧不放，抗拒带离或拒绝配合时，航空安全员由后侧接近对方，左手将其头固定在自己的肩胛处，右手握拳拇指伸直，以指尖置于其舌下神经处，向上持续施加压力，并伴以语言控制，如对方屈服，停止施压并迅速转换其他方式将其控制，如图 4-1-35～图 4-1-39 所示。

图 4-1-35

图 4-1-36

图 4-1-37

图 4-1-38　　　　　图 4-1-39　　　动作视频 4-9：触压舌下神经控制技术

【动作要点】

(1) 舌下神经位于下颌边缘的下面,对此位置施压,能使其产生强烈痛楚而屈服;强调拇指尖为着力点,向正上方施压。

(2) 左手固定要牢,找点和发力要准确。

六、触压眶内神经控制技术

当对方蹲坐双手紧抓固定物体不放(或抱紧双臂),抗拒带离或拒绝配合时,航空安全员由后侧接近对方,左手将其头固定在自己的肩胛处,右手成掌拇指张开四指并拢,从其额头向下食指置于其眶内神经处,向斜上 45°持续施加压力,并伴以语言控制,如对方屈服,停止施压并迅速转换其他方式将其控制;此动作也可结合触压下颌骨角,形成钳式控制,如图 4-1-40~图 4-1-43 所示。

图 4-1-40　　　　　图 4-1-41　　　　　图 4-1-42

图 4-1-43　　　动作视频 4-10：触压眶内神经控制技术

【动作要点】

(1) 位置在鼻尖的正下方。对此位置施压,能使其产生强烈痛楚而屈服;强调右手由上方落下,拇指张开置于其脸颊侧面,防止被咬,向斜上施力。

(2) 左手固定要牢,找点和发力要准确。

七、触压颧骨凹陷处控制技术

当对方蹲坐双手紧抓固定物体不放,抗拒带离或拒绝配合时,航空安全员左手迅速按压住对方的颈部,右手握拳以食指第二指关节触压对方的右颧骨凹陷处并向后上方发力,并以语言控制其将双手松开,如对方屈服,停止施压并迅速转换其他方式将其控制,如图 4-1-44~图 4-1-47 所示。

图 4-1-44

图 4-1-45

图 4-1-46

图 4-1-47

动作视频 4-11：触压颧骨凹陷处控制技术

技能训练

一、学员一对一喂靶练习

学员可在实训馆场地内或客舱过道内进行练习，一名学员为操作手，另一名学员为配手。教师下达指令后，操作手一方由后上前按照要求使用某一技术控制住配手一方的头颈或背部。两人一组，可多组同时进行练习，先分解后完整。

二、学员一对一反应练习

学员可在实训馆场地内或客舱过道内进行练习，一名学员为操作手，另一名学员为配手。教师下达指令后，操作手一方由后上前随机使用任一所学基本技术控制住配手一方的头颈或背部。两人一组，可多组同时进行练习。

4.2 民航客舱突袭控制应用技术

突袭控制应用技术是航空安全员为了保障客舱乘客或航空器的安全，充分利用客舱内的现有条件，以伪装或秘密的方式，主动出击，快速接近违法犯罪嫌疑人，以迅雷不及掩耳之势，一举对其实施主动控制的技术。其特点是快速出击、出其不意、攻其不备、随机应变、灵活运用。

4.2.1 手臂部的突袭控制应用技术

一、封肘折腕突袭控制应用技术

在航空器飞行过程中，当扰乱客舱秩序人员因行李架使用等琐事与其他乘客发生矛盾时，在进行语言劝阻和警告后仍无效时，安全员从后侧悄悄接近对方。突然，安全员左手由后迅速抓握对方右肘关节，并贴紧自己躯干部位，同时右手抓握对方的右手掌腕关节并迅速上提，随即左手搭扣右手以额头拿方式向下折压对方掌背将对方控制。

在以封肘折腕使其因腕关节产生剧痛的瞬间也可左手抓住对方右肘关节，右手在锁扣住对方右手腕的同时顺势将其右小臂从其右

动作视频 4-12：封肘折腕突袭控制应用技术

腋下绕至其后背，此时胸口应始终抵住对方的右肘关节防止其肘关节脱离控制后逃脱，双手搭扣折压对方右手腕将其控制，如图 4-2-1~图 4-2-6 所示。

图 4-2-1　　　　　　　　　图 4-2-2　　　　　　　　　图 4-2-3

图 4-2-4　　　　　　　　　图 4-2-5　　　　　　　　　图 4-2-6

二、拉肘别臂突袭控制应用技术

在航空器飞行过程中，当对扰乱客舱秩序人员进行语言劝阻和警告仍无效后，安全员可从右后侧悄悄接近对方，右手虎口向下突然快速抓住对方的肘关节内侧，左手手腕紧贴其右手腕外侧，并顺势向上提其右手腕，右手向自己腹部方向拉其肘部，使其屈肘；左手顺势上穿至其肘关节处，并扣抓其右肘关节上侧肱三头肌部位，右手抓握自己的左手，并使其肘关节顶住自己的腹部，左手向上抬肘，右手向右下压，右脚随即向右后方撤步，顺时针提肘别臂，形成向右下方旋压的合力，同时借助身体的力量及空间的优势将其按压在过道一侧的座椅上；旋压过程中使对方因肘关节及身体活动受限而产生剧痛，并顺势被压倒在座椅一侧；一旦控制住对方的肘关节后，右手迅速由右至左推其右下颌处，将其头部拧向左侧，以拉肘别臂拧颈将对方控制，如图 4-2-7~图 4-2-12 所示。

动作视频 4-13：拉肘别臂突袭控制应用技术

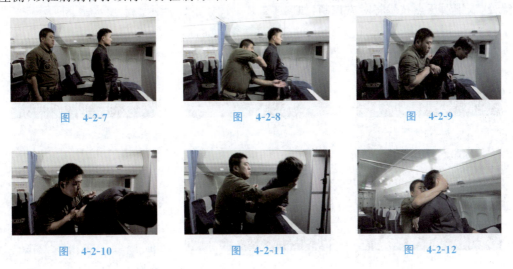

图 4-2-7　　　　　　　　　图 4-2-8　　　　　　　　　图 4-2-9

图 4-2-10　　　　　　　　图 4-2-11　　　　　　　　图 4-2-12

技能训练

一、学员一对一喂靶练习

学员可在实训馆场地内或客舱过道内进行练习，一名学员为操作手，另一名为配手。教师下达指令后，操作手一方由后上前按照要求使用某一技术控制住配手一方的手臂部。两人一组，可多组同时进行练习，先分解后完整。

二、学员一对一反应练习

学员可在实训馆场地内或客舱过道内进行练习，一名学员为操作手，另一名为配手。教师下达指令后，操作手一方由后上前随机使用所学技术快速突袭控制住配手一方的手臂部。两人一组，可多组同时进行练习。

三、学员一对一反应对抗训练

学员可在实训馆场地内或客舱过道内进行练习，一名学员为操作手，另一名为配手。教师下达指令后，操作手一方由后上前随机使用所学技术快速突袭控制配手一方的手臂部，在操作手一方进行控制的过程中，配手一方可进行挣脱反抗。操作手一方在实施控制的过程中遇到反抗时，可根据配手的变化，结合所学控制技术随机应变，借力打力，顺势而为将对方控制住。两人一组，可多组同时进行练习。

4.2.2 头颈背部的突袭控制应用技术

一、抱臂拧颈突袭控制应用技术

在航空器飞行过程中，当扰乱客舱秩序人员因未达到自己所谓的某些合理诉求，快速向客舱后侧服务间方向跑去时，安全员应相机从后侧快速突袭，右手从对方右臂外侧由外向里抱住其右臂，左手同时从其左侧颈部由前抱住其右侧头部并向左扳拧，随即左手顺势向后搂抓其左臂，双手将其双臂背向其背部，右臂迅速从其背部搂抓其左肘关节，左手随即向下按压其锁骨凹陷处，以锁肘压点技术将对方控制，如图 4-2-13～图 4-2-17 所示。

图 4-2-13

图 4-2-14

图 4-2-15

图 4-2-16

图 4-2-17

动作视频 4-14：抱臂拧颈突袭控制应用技术

二、抱臂锁喉突袭控制应用技术

在航空器飞行过程中,当扰乱客舱秩序人员快速来到驾驶舱门处,欲硬闯驾驶舱时,安全员应相机从后侧快速突袭,右脚上步于对方两脚之间,右手从其右侧颈部后侧前插以右臂锁住对方颈部,左臂抱住对方的左小臂并向左后下方外掰,身体紧贴对方的腰背部,右手从其颈前绕过随即抓住自己的颈部后侧,并以语言控制令其配合,如对方不予配合,应将颈部慢慢向后背伸以加大锁喉的力度,命令其予以配合从而将对方控制,如图4-2-18～图4-2-21所示。

图 4-2-18

图 4-2-19

图 4-2-20

图 4-2-21

动作视频4-15:抱臂锁喉突袭控制应用技术

三、别臂压颈突袭控制应用技术

在航空器飞行过程中,当扰乱客舱秩序人员因不满空乘人员的服务与其发生矛盾,在对其进行语言劝阻和警告仍无效时,安全员应相机从后侧快速突袭,右手由外向里抱住其右臂向后别臂,右手随即从其腋下由前向后上穿至对方肩部,左手同时由后从其左腋下穿过由其颈部后侧绕至颈部右侧,左手迅速向其左侧扳拧其颈部,迫使其颈椎和两侧肩部的活动弧度受到限制,从而使其失去反抗能力将其控制,如图4-2-22～图4-2-25所示。

图 4-2-22

图 4-2-23

图 4-2-24

图 4-2-25

动作视频4-16:别臂压颈突袭控制应用技术

四、触压下颌骨角突袭控制应用技术

当对方坐姿或蹲姿在客舱过道内双手紧抓住固定物体不放,不听劝阻或拒绝配合时,航空安全员可由后面接近对方,左手将其头固定在自己的肩胛处,右手握拳拇指伸直,以指尖置于其下颌骨角处,向其鼻尖方向持续施加压力,并伴以语言控制令其松手起身站立后,双手迅速由前从其腋下后穿,将其双臂向后背伸,双手搭扣锁住其双臂肘关节,随后左臂从其左侧颈部前插至颈部右侧,以左掌背卡住其右下颌并向左侧扳拧将其控制,如图4-2-26～图4-2-31所示。

动作视频4-17:触压下颌骨角突袭控制应用技术

图 4-2-26

图 4-2-27

图 4-2-28

图 4-2-29

图 4-2-30

图 4-2-31

五、触压舌下神经突袭控制应用技术

当对方坐姿或蹲姿在客舱过道内双手紧抓座椅扶手不放,不听劝阻或拒绝配合时,航空安全员可由后面接近对方,左手将其头固定在自己的肩胛处,右手握拳拇指伸直,以指尖置于其舌下神经处,向上持续施加压力,并伴以语言控制令其松手起身站立后,左手顺势从其左侧颈部前插以掌背卡住对方右下颌,同时右手迅速从其右腋下向后搂抓其右臂,以抱臂锁喉将对方控制,如图4-2-32～图4-2-36所示。

图 4-2-32

图 4-2-33

图 4-2-34

图 4-2-35

图 4-2-36

动作视频4-18:触压舌下神经突袭控制应用技术

六、别臂拧颈圈肘突袭控制应用技术

当对方坐姿或蹲姿在客舱过道内双手紧抓座椅扶手不放，不听劝阻或拒绝配合时，航空安全员可由后面接近对方，左手由后从其左腋下穿过由其颈部后侧绕至颈部右侧，左手迅速向其左侧扳拧其颈部，右手从其右侧颈部前插向后向右旋拧其颈部，迫使其颈椎和左侧肩部的活动弧度受到限制，当对方右手欲抓安全员右手时，安全员右手顺势向后抱住对方右臂向后圈肘控制住其右臂，以别臂拧颈圈肘将对方控制，如图 4-2-37~图 4-2-41 所示。

图 4-2-37

图 4-2-38

图 4-2-39

图 4-2-40

图 4-2-41

动作视频 4-19：别臂拧颈圈肘突袭控制应用技术

一、学员一对一喂靶练习

学员可在实训馆场地内或客舱过道内进行练习，一名学员为操作手，另一名学员为配手。教师下达指令后，操作手一方由后上前按照要求使用某一技术控制住配手一方的头颈部。两人一组，可多组同时进行练习，先分解后完整。

二、学员一对一反应练习

学员可在实训馆场地内或客舱过道内进行练习，一名学员为操作手，另一名学员为配手。教师下达指令后，操作手一方由后上前随机使用所学技术快速突袭控制住配手一方的头颈部。两人一组，可多组同时进行练习。

三、学员一对一反应对抗训练

学员可在实训馆场地内或客舱过道内进行练习，一名学员为操作手，另一名学员为配手。教师下达指令后，操作手一方由后上前随机使用所学技术快速突袭控制配手一方的头颈部，在操作手一方进行控制的过程中，配手一方可进行挣脱反抗。操作手一方在实施控制的过程中遇到反抗时，可根据配手的变化，结合所学控制技术随机应变，借力打力，顺势而为将对方控制住。两人一组，可多组同时进行练习。

4.3 项目综合实训

一、训练目标

（1）熟练掌握所学突袭控制技术，进一步强化技能的运用。

(2) 通过训练使学员掌握在客舱突袭控制中的处置方法和实战运用中的随机应变能力。

(3) 培养学员忠诚勇敢、英勇顽强的意志品质和应对客舱突发事件的体能、技能和心理承受能力。

二、综合实训任务描述

通过设定航空器在飞行过程中出现的一般扰乱行为和非法干扰行为的情境模拟,小组成员分别担任不同的角色,进行角色互换综合实训,进一步提高航空安全员在遇到客舱突发事件时,能够沉着冷静、机智勇敢、依据所学客舱突袭控制技术,依法快速合理有效进行处置的能力。主要锻炼学员临战快速反应和随机应变的控制能力。

三、实施方法与步骤

综合实训主要采取任务导向和互动教学法,以教师为主导、学生为主体,分组进行,学生轮流担任航空安全员的角色,将阶段化的学习训练成果运用到客舱情境模拟中去进行实战演练,以此提高学员的技能掌握和综合处置能力。

情境模拟要以实际案例为背景,通过角色互换,使学员体验不同角色的心理变化以及技能运用的随机转换能力。

四、注意事项

综合实训过程中要注意客舱情境的设置要符合客舱工作实际,技术运用要注意适度和安全,相关实训防护器材装备要齐备和有效,并提前做好相关检查核验工作。

任务评价

本项目进行过程化、阶段性任务考核评价,针对项目中的不同任务逐一进行技术考核,并结合项目情境进行模拟综合实训,锻炼和提高学员在遇到客舱突发事件时,能够沉着冷静、头脑清晰、思维敏捷、因势利导、依据所学客舱突袭控制技术,依法快速合理有效进行处置的能力。相关考核评价标准参照表 3-1 和表 3-2。

思考题:

(1) 什么是民航客舱防卫中的突袭控制技术?结合自己的认识和理解谈谈突袭控制技术在民航客舱实际工作中的重要性。

(2) 作为一名航空安全员在执勤过程中遇到非法干扰事件时,你的第一反应是什么?

执勤器械应用篇

模块 5
航空安全员执勤器械的应用

知识目标

了解航空安全员执勤器械装备的种类与配备以及使用的相关法律法规。

能力目标

（1）熟练掌握航空安全员执勤器械的基本应用技术；

（2）结合实际执勤过程中的情势预判，依据武力层级选择相应的器械装备快速合理有效地进行处置。

案例导入

某航空公司一架航空器正在我国东部沿海航线飞行时，后舱一名男子突然拔出一把匕首对准自己的脖子，对经过的女乘务员说："告诉驾驶员，我要去台湾，大家就陪我走一趟，否则我就死在你们面前！"女乘务员立即将后舱的情况报告机长。航空安全员得知后，一边将劫机嫌疑人前后两排的旅客转移，一边与其交谈，劝其放下匕首。在30余分钟的谈判中，机组人员先后给嫌疑人送了7杯水，嫌疑人也都接过水并且喝下，但语气仍然坚定地说："一不做，二不休！既然上来啦，就一定要去台湾！大家也就仅仅陪我走一趟而已，没什么好怕的。大不了就是我一个人死。"

任务分析

航空安全员或空乘人员在实际工作中也会遇到类似上述案例中的突发事件，甚至是一些相对更恶劣的行为或事件，此类事件将直接影响航空器的正常飞行和机上人员的人身财产安全。为了确保航空器的正常飞行和绝对安全，航空安全员在具备徒手防卫与控制技能的基础上，还需熟练掌握使用执勤器械的能力，以在最短的时间内依法、安全、合理、有效地使用执勤器械将犯罪行为人进行控制，以确保航空器和机上人员的绝对安全。

教学内容

5.1 航空安全员执勤器械介绍

按照中华人民共和国交通运输部令（2017年第3号）《公共航空旅客运输飞行中安全保卫规则》第二章工作职责第九条：公共航空运输企业应当按照相关规定，为航空安全员配备装备，并对装备实施统一管理，明确管理责任，建立管理工作制度，确保装备齐全有效。航空安全员配备的常用执勤器械装备有：伸缩警棍、强光手电、匕首、警绳、约束带、手铐等。

5.1.1 了解航空安全员执勤器械的种类与配备

一、伸缩警棍

伸缩警棍主要由握把、棍身、棍端也称为末端构成，其击打点、着力点在棍身末端3寸左右的位置。伸缩警棍具有坚固、实用、隐蔽性能好、携带使用方便等特点，在应对客舱暴力袭击以及维护客舱秩序中发挥着重要作用。作为以驱逐、约束以及制服为主要目的的执勤器械，伸缩警棍是非常实用的执勤装备。可用于挡护、劈击、戳击及别压等技术，能有效制止、约束或控制客舱内的违法犯罪行为，并能有效地保护航空安全员自身的安全，如图5-1-1所示。

图 5-1-1

二、强光手电

强光手电是集照明、自卫、控制功能于一体的防卫器械，是以发光二极管作为光源的一种新型照明工具，具有省电、耐用、亮度强等优点。强光手电在航空器内光线不足或灯光源遭到破坏时使用，并可配合其他执勤器械装备使用。强光手电作为辅助性器械通常以弱手持握（以左手持握为例），如图5-1-2和图5-1-3所示。

图 5-1-2

图 5-1-3

常规情况下，手电光源分为弱光、强光、爆闪，又可根据不同情况使用常亮与触亮开关功能，如图5-1-4所示。直照对方眼部时可致使犯罪嫌疑人眼部产生强烈不适、刺眼效果并伴有短时眩晕。强光手电前端带有破窗器功能，在特殊条件下，还可充当防御与攻击性武器使用，如图5-1-5所示。

图 5-1-4

图 5-1-5

三、匕首

匕首是一种比剑更短小的刺砍两用兵器,其外形与剑相似,由于它短小易藏,多是作为近身格斗、贴身防卫或暗杀的适宜兵器使用。现今所用匕首,长七八寸不等,多位钢制,有单刃和双刃之别。双刃匕首中有脊,两边逐锐,头尖而薄,如图 5-1-6 所示。

四、警绳

警绳属于约束性器械,是航空安全员在对客舱中的违法犯罪嫌疑人实施临时管控或扭送至公安机关时使用的执勤器械装备之一。警绳分为长短两种,一般长约 4.8 米,直径为 0.5~1 厘米,如图 5-1-7 所示。

警绳是用来制服、捆绑犯罪嫌疑人,控制其行为的一种有效器械,也是在临时看管或押解途中防止犯罪嫌疑人逃跑的一种重要装备。捆绑犯罪嫌疑人除了使用警绳外,在紧急情况下,还可以暂时利用皮带、领带、鞋带、毛巾、布条、电线等物品。

五、约束带

这里所介绍的约束带又称塑料手铐,属于一次性手铐,也是约束性器械的一种,是部分航空公司为航空安全员配备的执勤器械装备之一,如图 5-1-8 所示。

图 5-1-6

图 5-1-7

图 5-1-8

六、手铐

手铐也属于约束性器械,是航空公司为航空安全员配备的约束性执勤器械之一,如图 5-1-9 所示。

手铐由锁体、锁梁、铐环、钥匙孔以及连接链所组成,如图 5-1-10 和图 5-1-11 所示。安全员着装时,可将手铐的铐环合拢相叠,装在铐盒内,或随身携带。

图 5-1-9

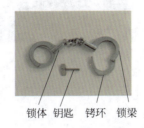
锁体 钥匙 铐环 锁梁
图 5-1-10

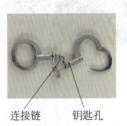
连接链 钥匙孔
图 5-1-11

5.1.2 了解航空安全员使用执勤器械的法律依据

2017 年 1 月 11 日经中华人民共和国交通运输部第一次部务会议通过,自 2017 年 3 月 10 日起施行的《公共航空旅客运输飞行中安全保卫工作规则》,其中第二章"工作职责"第九条中规定:"公共航空运输企业应当按照相关规定,为航空安全员配备装备,并对装备实施统一管理,明确管理责任,建立管理工作制度,确保装备齐全有效。"第三章"工作措施"第二十八条中规定:"航空安全员应当按照相关规定,携带齐全并妥善保管执勤装备、证件及安保资料。"

5.2 航空安全员执勤器械的应用技术

航空安全员执勤器械装备是航空安全员根据工作需求而配备的,不同的器械装备有着不同的作用。在执勤时使用器械装备可提升安全员对违法犯罪嫌疑人的威慑力以及被保护者的安全感,而正确使用执勤器械装备可有效制止正在危害航空安全的违法犯罪行为。执勤器械装备在使用时要注意安全性、便携性和隐蔽性,必须是针对正在实施严重暴力犯罪行为的紧急情形,或者执行抓捕、押解等强制措施时使用。

5.2.1 伸缩警棍的应用技术

一、未开棍持握戒备姿势

首先是未开棍持握戒备姿势下的隐蔽型持握戒备。

右手持握,拇指压住棍底部,防止意外甩出。棍藏在裤兜或上衣兜里,如图 5-2-1 和图 5-2-2 所示。

图 5-2-1

图 5-2-2

动作视频 5-1:未开棍持握戒备姿势——隐蔽型持握戒备

其次是未开棍持握戒备姿势下的震慑型持握戒备。

方法一:双脚前后开立,双手置于胸腹前,如图 5-2-3 和图 5-2-4 所示。

图 5-2-3

图 5-2-4

动作视频 5-2:未开棍持握戒备姿势——震慑型持握戒备(方法一)

方法二:双脚前后以格斗姿势站立,右手持握警棍收回至脸侧,如图 5-2-5~图 5-2-7 所示。

图 5-2-5

图 5-2-6

图 5-2-7

动作视频 5-3：未开棍持握戒备姿势——震慑型持握戒备（方法二）

二、未开棍持握攻击技术：左右戳击

在未开棍震慑性持握戒备姿势的基础上，右手持握警棍收回至脸侧，快速上步向对方头颈部进行左右戳击，如图 5-2-8～图 5-2-12 所示。

图 5-2-8

图 5-2-9

图 5-2-10

图 5-2-11

图 5-2-12

动作视频 5-4：未开棍持握攻击技术——左右戳击

三、开棍技术

将棍末端朝前下方快速甩出，短促发力，开棍后迅速收回至戒备姿势；左手抓握棍末端，防止误伤他人或被抢夺等意外情况，如图 5-2-13～图 5-2-16 所示。

图 5-2-13

图 5-2-14

图 5-2-15

图 5-2-16

动作视频 5-5：开棍技术

四、甩棍击打技术

（一）前戳击

开棍后左手抓握甩棍前部，配合前滑步，双手同时向前发力，戳击对方胸腹部位，如图 5-2-17～图 5-2-19 所示。

图 5-2-17

图 5-2-18

图 5-2-19

动作视频 5-6：甩棍击打技术——前戳击

（二）左右劈击

持棍手肘关节下沉，手臂弯曲从肩颈的位置顺势向斜前方 45°劈砍，腿部蹬地转腰配合肩臂发力，力达棍身末端 3 寸；劈击后，右手迅速反手回拉向相反方向进行劈砍；劈击时另一手收回至脸侧位置为防守状态，同时配合前滑步；击打完成后迅速收回肩部位置准备下一次打击；最后，在对方暂时性丧失抵抗和反击能力时，迅速上前进行控制，并配合语言警告震慑，如图 5-2-20～图 5-2-25 所示。

动作视频 5-7：甩棍击打技术——左右劈击

图 5-2-20

图 5-2-21

图 5-2-22

图 5-2-23

图 5-2-24

图 5-2-25

五、甩棍防御与控制技术

面对持械对手时，在时机和条件允许的情况下，选择击打对方持械手手腕和小臂，将对方器械打掉，并连续进攻对方可击打部位；在对方暂时性丧失抵抗和反击能力时，迅速上前进行控制，并配合语言警告震慑，如图 5-2-26～图 5-2-30 所示。

图 5-2-26

图 5-2-27

图 5-2-28

图 5-2-29

图 5-2-30

动作视频 5-8：甩棍防御与控制技术

 技能训练

一、空击练习

学员可在实训馆场地内成体操队形散开，前后左右保持足够的距离，根据教师口令进行集体空击训练。

二、打靶训练

学员可在实训馆场地内成两排相对而立，一排学员拿靶，另一排学员打靶，教师以口令指挥进行练习，训练中应逐渐增加击打力度。

三、学员一对一反应训练

学员可在实训馆场地内或客舱过道内两人一组进行练习，一名学员为操作手，另一名学员为配手。教师下达指令后，配手一方上前欲使用刀械随意攻击操作手一方的头部或躯干部位，操作手一方要快速反应，迅速做出正确的判断，使用伸缩警棍技术进行防御，随即运用所学警棍控制技术将对方控制。实训馆场地内可多组同时进行练习，客舱内逐组进行练习。

5.2.2 强光手电的应用技术

一、强光手电的持握戒备姿势

以格斗势戒备站立，左手持握手电，灯源朝前，单手开关，如图 5-2-31 所示。

图 5-2-31

二、持握强光手电搜索推进的应用技术

以格斗势戒备站立，左手持握手电，向前推进。当发现可疑对象时，对准嫌疑对象（人或物），强光照明或爆闪。

三、持握强光手电左右戳击

强光手电除了照明功能外，应急条件下可作为防御型器械使用。

以格斗势戒备站立,左手持握手电,手电由脸侧位置向对方头、颈部及肩部左右戳击,以短促发力,迅速收回防御,如图 5-2-32～图 5-2-36 所示。可反复操作,作为驱离或者进攻技术使用。

图　5-2-32

图　5-2-33

图　5-2-34

图　5-2-35

图　5-2-36

动作视频 5-9:持握强光手电左右戳击

四、强光手电与匕首的配合应用技术

方法一:左手持握手电,右手正握匕首,向前进攻,直刺,如图 5-2-37～图 5-2-41 所示。

图　5-2-37

图　5-2-38

图　5-2-39

图　5-2-40

图　5-2-41

动作视频 5-10:强光手电与匕首的配合应用技术(方法一)

方法二:左手持握手电,右手反握匕首,向前直刺,如图 5-2-42～图 5-2-46 所示。

图　5-2-42

图　5-2-43

图　5-2-44

模块5 航空安全员执勤器械的应用 127

图 5-2-45

图 5-2-46

动作视频 5-11：强光手电与匕首的配合应用技术（方法二）

方法三：左手持握手电，右手正握匕首，向前左右划割，如图 5-2-47～图 5-2-53 所示。

图 5-2-47

图 5-2-48

图 5-2-49

图 5-2-50

图 5-2-51

图 5-2-52

图 5-2-53

动作视频 5-12：强光手电与匕首的配合应用技术（方法三）

方法四：左手持握手电，右手反握匕首，向前左右划割，如图 5-2-54～图 5-2-60 所示。

图 5-2-54

图 5-2-55

图 5-2-56

图 5-2-57

图 5-2-58

图 5-2-59

图 5-2-60

动作视频 5-13：强光手电与匕首的配合应用技术（方法四）

空击练习

学员可在实训馆场地内成体操队形散开，前后左右保持足够的距离，根据教师口令进行集体空击训练。

5.2.3 匕首的应用技术

一、匕首正握的持握戒备姿势

刀尖与拇指同侧，匕首攻防的预备式是从徒手格斗势的基础上发展而来的。两脚前后站立略宽于肩，右脚在前，脚尖稍内扣，略弯膝；左脚在后，脚跟稍抬起。右臂弯曲约 75°，肘尖下垂，右手正握刀，刀尖向斜上前方，立于体前，刀尖高与眼平；左臂弯曲，左手握拳，护于左颊部，肘尖下垂贴于左肋。上体稍向前，重心落于两腿之间，双脚时刻保持弹性。侧面对敌，以利于进攻，如图 5-2-61～图 5-2-63 所示。

动作视频 5-14：匕首正握的持握戒备姿势

图 5-2-61

图 5-2-62

图 5-2-63

二、匕首反握的持握戒备姿势

刀尖与小指同侧，反握戒备姿势与正握戒备姿势基本相同，区别于拳心翻转朝下，持刀手略向心收回，以利于攻击发力，如图 5-2-64 和图 5-2-65 所示。

图 5-2-64

图 5-2-65

动作视频 5-15：匕首反握的持握戒备姿势

三、正握匕首向前推进技术

由戒备姿势起,以小步前进,步法大小根据空间距离而定,行进速度及方向均可根据实际环境和条件改变,如图 5-2-66~图 5-2-70 所示。

图　5-2-66

图　5-2-67

图　5-2-68

图　5-2-69

图　5-2-70

动作视频 5-16:正握匕首向前推进技术

反握匕首向前推进技术与正握前进技术仅区别于持握姿势,其他动作相同。

四、匕首捅刺技术

(一)正握前刺

用刀尖向前迅速刺出,配合前滑步,右手向前方直线发力刺出,完成后迅速后撤步收回,恢复戒备姿势,如图 5-2-71~图 5-2-74 所示。

图　5-2-71

图　5-2-72

图　5-2-73

图　5-2-74

动作视频 5-17:匕首捅刺技术——正握前刺

(二)正握斜劈

用刀刃向斜前挥击,可由右上至左下斜划割(反向亦可),并快速收回,恢复戒备姿势,如图 5-2-75~图 5-2-80 所示。

动作视频 5-18:匕首捅刺技术——正握斜劈

图 5-2-75

图 5-2-76

图 5-2-77

图 5-2-78

图 5-2-79

图 5-2-80

（三）正握横划

用锋刃拖拉，可由左前方出刀迅速向右划割收回至戒备姿势（反向同理），如图 5-2-81～图 5-2-84 所示。

图 5-2-81

图 5-2-82

图 5-2-83

图 5-2-84

动作视频 5-19：匕首捅刺技术——正握横划

（四）正握格切

用刀面挡切，示范动作中以对方由上向我方攻击状态下进行上格切，实际训练中可转换不同方向。格挡时主动发力，迎击对方攻击动作，并加以推切动作达到削弱对方攻击能力的效果，如图 5-2-85～图 5-2-87 所示。

动作视频 5-20：匕首捅刺技术——正握格切

图 5-2-85

图 5-2-86

图 5-2-87

（五）反握前刺

以反握戒备姿势起，用刀尖向前迅速刺出，配合前滑步，右手向前方直线发力刺出，完成后迅速后撤步收回，恢复戒备姿势，如图 5-2-88～图 5-2-90 所示。

图 5-2-88

图 5-2-89

图 5-2-90

动作视频 5-21：匕首捅刺技术——反握前刺

（六）反握斜劈

用刀刃向斜前挥击，可由右上至左下斜划割（反向亦可），并快速收回，恢复戒备姿势，如图 5-2-91～图 5-2-94 所示。

图 5-2-91

图 5-2-92

图 5-2-93

图 5-2-94

动作视频 5-22：匕首捅刺技术——反握斜劈

（七）反握横划

用锋刃拖拉，可由右前方出刀迅速向左划割收回至戒备姿势（反向同理），如图 5-2-95～图 5-2-98 所示。

图 5-2-95

图 5-2-96

图 5-2-97

图 5-2-98

动作视频 5-23：匕首捅刺技术——反握横划

(八) 反握格切

用刀面挡切，示范动作中以对方由上向我方攻击状态下，我方进行上格切，实际训练中可转换不同方向。格挡时主动发力，迎击对方攻击动作，并加以推切动作达到削弱对方攻击能力的效果，如图 5-2-99～图 5-2-101 所示。

动作视频 5-24：匕首捅刺技术——反握格切

图 5-2-99

图 5-2-100

图 5-2-101

五、匕首攻击部位

匕首虽短，但其可攻击面极大，人体所有部位均可作为攻击部位，加上持刀者使用方法得当，其攻击力不容小觑。我们主要以颈部、腹部、腿部为攻击示范部位，如图 5-2-102～图 5-2-104 所示。无论攻击什么部位，都应该遵循以保护安全、制止犯罪为原则。

图 5-2-102

图 5-2-103

图 5-2-104

六、匕首实战运用技术

方法一：以右手正握持匕首戒备姿势，切割对方手腕迅速收回，直刺对方胸、腹、颈部，如图 5-2-105～图 5-2-107 所示。

图 5-2-105

图 5-2-106

图 5-2-107

动作视频 5-25：匕首实战运用技术（方法一）

方法二：以右手正握持匕首戒备姿势，对手向第三方发起进攻时，果断直刺对方腹、肋部，并快速勒颈将其摔倒并制服，如图 5-2-108～图 5-2-111 所示。

图 5-2-108

图 5-2-109

图 5-2-110

图 5-2-111

动作视频 5-26：匕首实战运用技术（方法二）

方法三：以右手反握持匕首戒备姿势，犯罪嫌疑人右手持凶器向我方头部攻击时，我方以左手格挡结合右手划割对方右手臂，上动不停，左手圈住对方右手，右手反刺向对方颈部左侧，并迅速划割，如图 5-2-112～图 5-2-115 所示。

图 5-2-112

图 5-2-113

图 5-2-114

图 5-2-115

动作视频 5-27：匕首实战运用技术（方法三）

空击练习

学员可在实训馆场地内成体操队形散开，前后左右保持足够的距离，根据教师口令进行集体空击训练。

5.2.4 约束性器械的应用技术

一、警绳捆绑的注意事项

（一）捆绑前的注意事项

捆绑要以控制、制服为前提条件。要将犯罪嫌疑人制服并控制成倒地俯卧状态下进行，或在使其处于被动不利而失去抵抗能力的基础上快速完成。在没有将犯罪嫌疑人完全控制的情况下，不可以轻易脱手、取绳或放弃对其的控制。

（二）捆绑中的注意事项

在捆绑犯罪嫌疑人时，捆绑的动作要熟练、手法要迅速、捆绑牢固结实。在捆绑中要时刻保持高度警惕，观察对方的反映和动态，警惕犯罪嫌疑人突然反抗，倘若发生此情况，应放弃捆绑，再进行控制。应尽量将犯罪嫌疑人的双手成手背相对状，在体后捆绑。

（三）捆绑后的注意事项

捆绑的目的是临时看管或在押解过程中控制其行动并防止其逃脱和出现意外，时间不宜过长，以防止血脉不通发生意外。因此，要求到达押解地点，立刻解开，以免造成肢体伤残。

二、警绳捆绑的方法

将犯罪嫌疑人摔倒成俯卧姿势后，航空安全员应该分腿骑压在犯罪嫌疑人的背上，并将其双手反拧于后背；或将其两臂反撅并前推，然后用两侧髋腹前顶达到控制；或将其两臂分别夹在我方两侧大腿上的腹股沟处。将犯罪嫌疑人牢固的控制后，抽出一只手取出警绳，或取下犯罪嫌疑人的领带、腰带、鞋带等绳状物，进行捆绑。

（一）基本方法——绳结

(1) 半结（图 5-2-116）。
(2) 死结（图 5-2-117）。
(3) 双环结（图 5-2-118）。
(4) 蝴蝶结（图 5-2-119）。
(5) 麻花结（图 5-2-120）。

图 5-2-116

图 5-2-117

图 5-2-118

图 5-2-119

图 5-2-120

（二）捆绑技术

(1) 蝴蝶结捆绑法（图 5-2-121）。
(2) 双环结捆绑法（图 5-2-122）。
(3) 麻花结捆绑法（图 5-2-123）。
(4) 牵引捆绑法（图 5-2-124）。
(5) 腰带捆绑技术：控制大臂（图 5-2-125）。

(6) 鞋带捆绑技术：控制手指（图 5-2-126）。

图　5-2-121

图　5-2-122

图　5-2-123

图　5-2-124

图　5-2-125

图　5-2-126

三、约束带的应用技术

（一）约束带左手持握戒备姿势

以格斗势站立，左手持约束带置于体前，我方与约束带、与被约束者尽量为直线，以便随时观察对方动向，如图 5-2-127 所示。

（二）放弃约束带跳水技术

遇对方假意配合时，迅速做出放弃约束带，加以跳水技术将犯罪嫌疑人推开，并迅速撤步，保持安全距离，迅速出甩棍戒备。

图　5-2-127

（三）对不抵抗者实施约束

首先要求犯罪嫌疑人转身背对我方，我方以戒备姿势由后接近，时刻关注对方动向，保持警惕；站在犯罪嫌疑人的左后方，要求犯罪嫌疑人双手背后，两脚开立、眼睛看右上方，用左手抓住其手背，放入约束口中，右手同理；后拉紧约束带，各留出一指空隙，如图 5-2-128～图 5-2-133 所示。

动作视频 5-28：对不抵抗者实施约束

图　5-2-128

图　5-2-129

图　5-2-130

图　5-2-131

图　5-2-132

图　5-2-133

（四）被使用技术暂时性控制住——站立式约束

使用控制技术将犯罪嫌疑人制服后利用控制点持续压制，取出约束带将其两手约束；同样要配合语言控制，并时刻关注对方动向，保持警惕，如图 5-2-134～图 5-2-139 所示。

动作视频 5-29：被使用技术暂时性控制住——站立式约束

图 5-2-134

图 5-2-135

图 5-2-136

图 5-2-137

图 5-2-138

图 5-2-139

（五）被使用技术暂时性控制住——倒地式约束

使用控制技术将犯罪嫌疑人制服后利用控制点持续压制，取出约束带将其两手约束；同样要配合语言控制，并时刻关注对方动向，保持警惕，如图 5-2-140～图 5-2-145 所示。

动作视频 5-30：被使用技术暂时性控制住——倒地式约束

图 5-2-140

图 5-2-141

图 5-2-142

图 5-2-143

图 5-2-144

图 5-2-145

四、手铐的应用技术

（一）手铐的使用方法

手铐在使用前，首先要检查手铐的保险是否开启，如果是链式手铐保险没有开启，则需要用钥匙插入钥匙孔中转动，即可把保险打开并使用。链式手铐上铐后，也要将钥匙再次插入钥匙孔中转动，然后将钥匙拔出，即锁定保险，铐环就不能移动。另外，链式手铐中有的也是插压式锁定保险的。

(二) 手铐的基本铐法

上铐是制服疑犯、限制其自由活动的一种方法。可以防止犯罪嫌疑人反抗、逃跑及自残，还可消除可能造成伤害的潜在风险。在上铐时应注意手铐的环形，上铐时应从手腕侧部拇指侧或小指侧上铐。

1. 手铐的持握

航空安全员一手持握铐链部位，根据上铐动作需要适当调整铐环方向，上铐时可将对方双臂拉至背后或体前，手背相对，用铐环和锁梁分别圈铐住其两手腕部。

2. 放弃上铐使用跳水技术

遇对方假意配合突然反抗时，迅速放弃上铐，加以跳水技术将犯罪嫌疑人推开，并迅速撤步保持安全距离。

3. 背后上铐技术

上铐时尽量采取背铐式上铐，因为前铐对上铐目标的限制作用有限，上铐目标仍然有能力做出各种危险动作。

（1）对不抵抗者上铐技术。首先要求犯罪嫌疑人转身背对我方，我方以戒备姿势由后接近，时刻关注对方动向，保持警惕；站在犯罪嫌疑人的左后方，要求犯罪嫌疑人双手背后，两脚开立、眼睛看右上方，用左手抓住其手背或拇指，将手铐的活动环抵于对方腕部，用力下压，活动环旋转一周将其腕部铐住，留出一指空隙；另一手同理，如图 5-2-146～图 5-2-151 所示。

动作视频 5-31：对不抵抗者上铐技术

图 5-2-146

图 5-2-147

图 5-2-148

图 5-2-149

图 5-2-150

图 5-2-151

（2）别臂上铐技术。使用拉肘别臂技术将嫌疑人暂时性控制时，取出手铐快速上铐，如图 5-2-152～图 5-2-157 所示。

图 5-2-152

图 5-2-153

图 5-2-154

图 5-2-155

图 5-2-156

图 5-2-157

动作视频 5-32：别臂上铐技术

一、学员一对一配合训练

学员可在实训馆场地内或客舱过道内进行练习，一名学员为操作手，另一名学员为配手。教师下达指令后，操作手一方按照教师指令使用约束性器械将配手一方进行控制。两人一组，可多组同时进行练习。

二、学员一对一反应训练

学员可在实训馆场地内或客舱过道内两人一组进行练习，一名学员为操作手，另一名学员为配手。教师下达指令后，配手一方上前欲使用刀械随意攻击操作手一方的头部或躯干部位，操作手一方要快速反应，迅速做出正确的判断，使用相应的执勤器械进行防御，随即使用约束性器械将对方控制。实训馆场地内可多组同时进行练习，客舱内逐组进行练习。

5.3 项目综合实训

一、训练目标

（1）熟练掌握执勤器械的应用技术，进一步强化技能的运用。

（2）通过训练使学员掌握在客舱使用执勤器械的原则方法和实战运用中的配合运用能力。

（3）培养学员在执勤过程中依法使用执勤器械的能力和忠诚、勇敢、坚强的意志品质。

二、综合实训任务描述

通过设定航空器在飞行过程中出现的一般扰乱行为和非法干扰行为的情境模拟，小组成员分别担任不同的角色，进行角色互换综合实训，进一步提高航空安全员在遇到客舱突发事件时，能够反应迅速、思维清晰、合理运用所学执勤器械技术，依法安全有效进行处置的能力。主要锻炼学员临战快速反应和合理使用武力的能力。

三、实施方法与步骤

综合实训主要采取任务导向和互动教学法，以教师为主导、学生为主体，分组进行，学生轮流担任航空安全员的角色，将阶段化的学习训练成果运用到客舱情境模拟中去进行实战演练，以此增强学员执勤器械的实战运用能力和协同配合能力。

情境模拟要以实际案例为背景,通过角色互换,使学员体验不同角色的心理变化以及执勤器械的实战运用能力。

四、注意事项

综合实训过程中要注意客舱情境的设置要符合客舱工作实际,技术运用要符合客观规律并注意适度和安全,相关实训防护器材装备要齐备和有效,并提前做好相关检查核验工作。

任务评价

本项目进行过程化、阶段性任务考核评价,针对项目中的不同任务逐一进行技术考核,并结合项目情境进行模拟综合实训,锻炼和提高学员在遇到客舱突发事件时,能够反应迅速、思维清晰、合理运用所学执勤器械技术、依法安全有效进行处置的能力。相关考核评价标准参照表 3-1 和表 3-2。

思考题:

(1) 航空安全员使用执勤器械的法律依据是什么?

(2) 在客舱执勤过程中,航空安全员如何在安全的前提下对犯罪嫌疑人实施器械控制?

实战运用篇

模块6
民航客舱防卫与控制实战运用

 知识目标

通过这一模块的教学与训练,使学员能够建立和掌握依法、安全、合理、有效的防卫执勤理念;了解民航客舱防卫与控制技能在航空安全员实际工作中的重要性。

 能力目标

熟练掌握民航客舱防卫与控制技能的实战运用,增强学员在实战运用过程中所需的体能、技能、心能等综合素质;并能够养成体能、技能学习和锻炼的习惯,增强实战对抗过程中的心理抗压能力,为将所学技术在实际工作中熟练灵活运用打下坚实的基础。

 案例导入

民航资源网2019年5月23日消息:5月20日晚,在福州航空FU6509福州—昆明航班下降的关键阶段,发生一起疑似精神病患旅客冲击舱门,敲打舷窗,殴打乘务员及安全员的扰乱客舱秩序的事件。福航机组人员反应迅速,处理得当,成功将该名旅客制服,保障了航班安全。一名乘务员在处置过程中受轻微伤,无旅客伤亡。

当天19时许,乘坐福州航空FU6509航班的旅客正在有序登机,当班安全员赵文辉凭借着敏锐的观察能力,察觉到一名旅客似乎有些异常。该男性旅客年约50岁,无亲朋陪伴,腰间衣物上有斑斑血迹,眼神有些迷离。凭借2年"雪豹"特种部队的训练经历及近3年公司安全员职业实践,赵文辉判断此名旅客有问题。为此,他对该旅客进行了异常行为识别,将其作为巡舱重点监控对象,并向航班乘务长通报了这一情况。

在飞机将要落地前的40分钟,这名旅客开始出现异常举动。旅客当时激动地前往服务间,要求乘务员给其家人拨打电话。尽管乘务员耐心解释此时机上没有信号,无法拨打,但该旅客却不予理会,只是不断重复自己的诉求。在诉求没有得到满足后,该旅客又开始在客舱内踱步,并大声散播可能扰乱客舱安全的不实言论,引得周围旅客关注。乘务长及安全员不断对其耐心劝说,并将旅客的座位由60J调至31C,由安全员坐其旁边全程监控,并通过聊天的方式试图转移他的注意力,但此时,该旅客的情绪非但没有稳定,反而愈加暴躁。

在飞机落地前10分钟左右,危险的情况发生了。该旅客突然起身冲向前服务间,企图打开 R1 舱门。安全员反应迅速,根据紧急避险原则,采取徒手控制措施,将该旅客带回座位。回到座位后,该旅客依然情绪激动,不配合安全员做出的系好安全带等指令,仿佛失去控制般大吼大叫起来,同时出现了用力踩地板、用手机敲砸舷窗、敲击座椅等行为,甚至开始攻击安全员,并试图抢夺安全员的执勤记录仪。

此时正处于航班落地的关键阶段,客舱内旅客又出现骚动的情况,存在着飞机配载不平衡的风险。乘务员与安全员紧急联动,通过广播及警示要求其他旅客立即回到原位坐好。此时该旅客仍在散播扰乱客舱秩序、危害飞行安全的言论,并无视警告,使用蹬踹、撕咬等方式攻击安全员及协助处置的乘务员的裆部、头部等关键部位。鉴于此时飞机处在"危险十一分钟"的极其关键时期,机组成员及前来帮助的旅客对该名人员采用了徒手制服并采取保护性约束措施,以确保飞机安全直至落地。落地后,机组人员在第一时间将人员、证物移交给了机场公安。

(案例来源:民航资源网。福州航空成功处置一起扰乱客舱秩序事件。http://finance.sina.com.cn/roll/2019-05-23/doc-ihvhiews3952440.shtml,2019-05-23)

任务分析

航空安全员或空乘人员在航空器飞行过程中经常会遇到乘客与乘客间、乘客与空乘人员或安全员间因琐事而导致的扰乱客舱秩序事件。上述案例中,该航班安全员赵文辉对异常旅客进行了行为识别,并作为重点监控对象,向乘务长进行了通报,随后该名旅客出现各种异常情况,并殴打安全员或乘务员。此时飞机处在"危险 11 分钟"的极其关键时期,这将直接影响机上所有人员和整个航空器的绝对安全。因此,航空安全员和空乘人员在具备客舱防卫中的格斗技术、防卫与控制技术、突袭控制技术和执勤器械应用技术的基础上,必须熟练掌握一对一、二对一应对徒手或持械攻击的技能,以及客舱搜身与押解带离技术,以便应对类似上述案例中的疑似精神病患旅客的扰乱客舱秩序事件,或两人及多人在客舱内的严重暴力犯罪行为。因此,需进一步提高学员防卫与控制技能的综合实战运用能力,以确保机上所有人员和整个航空器的绝对安全。

教学内容

6.1 应对客舱徒手攻击的防卫与控制

客舱徒手攻击的防卫与控制,是指航空安全员在民航客舱中处理违反民航飞行安全管理规定或触犯了相关的法律、法规的人员时,遭到相关人员以徒手的方式进行攻击和反抗,并对安全员的人身进行袭击,安全员为了自身和所有乘客以及航空器的飞行安全,迫不得已以徒手的形式运用合理有效的技术进行防御,并伺机使用控制的技术。

6.1.1 "一对一"应对徒手攻击

一、对扰乱客舱秩序的行为处置方法一:拉肘别臂压颈控制

在航空器飞行过程中,当扰乱客舱秩序人员对机组女空乘人员或女乘客实施不轨行为时,航空安全员在对其进行语言劝阻和警告无效后,其转身欲实施攻击,此时安全员应迅速与他保持安全距离,并对其进行语言劝阻喝令其站住,同时警告其要注意自己行为的后果;当其根本不听劝阻并以右直拳实施攻击时,安全员应快速使用双手交叉防御手形进行防御,而且必须在他出手的瞬间快速推进,以遏制其打击力,并将其右手往下压(此时安全员的左手已经抵于对方的右手肘关节，右手抵于其颈部），通过向前的冲力以及肘关节的短距离击打破坏其身体重心；当其身体由于受到冲力的左右瞬间松懈之际，安全员右手应快速用力向下按压其颈部，同时以右手拇指用力按压其下颌骨角，左手拉住其肘关节并贴紧于自己的腹部，借助身体的力量及空间的优势将其按压在过道一侧的座椅上，以拉肘别臂压颈将对方控制，如图6-1-1～图6-1-4所示。

图 6-1-1

图 6-1-2

图 6-1-3

图 6-1-4

动作视频6-1：拉肘别臂压颈控制

二、对扰乱客舱秩序的行为处置方法二：扣双臂控制

在航空器飞行过程中，当扰乱客舱秩序人员因不按登机牌座位就座并拒不回自己座位。在乘务员及航空安全员对其进行语言劝阻时，该乘客恶语中伤并突然以右直拳欲攻击安全员头部时，应快速使用双手交叉防御手形进行防御，以遏制其打击力，并将其右手往下压，顺势以右脚踢击其小腿胫骨，趁对方屈身之际，安全员右手应快速用力向下按压其颈部，同时以右拇指用力按压其下颌骨角，右手顺势从其左臂内侧向其背部插入，双手于对方背部合握，同时右脚向后撤步，两肘关节向内合压，以躯干部位抵压住对方的右肩背部，双手合力向下压制对方的背部，使对方的肘关节与肩关节产生巨大的压力，以扣双臂控制技术将对方控制，如图6-1-5～图6-1-10所示。

动作视频6-2：扣双臂控制

图 6-1-5

图 6-1-6

图 6-1-7

图 6-1-8

图 6-1-9

图 6-1-10

三、对扰乱客舱秩序的行为处置方法三:推颈压肩控制

在航空器飞行过程中,当扰乱客舱秩序人员欲使用摆拳攻击安全员面部时,应使用头盔式防御,快速突进至其身旁,以肘尖撞击其身体,使其身体平衡瞬间受到破坏,之后左手迅速从其腋下插入,并快速屈肘夹住他的上臂,随后右手快速按压在其颈部后侧,用力向下推按;同时可以右手拇指用力按压其下颌骨角,此时对方会用力反抗,安全员很难将对方的右臂屈肘以将其控制,应迅速将左臂伸直,以左大臂由左向右向下顺时针旋压其右肩关节,右手迅速抓握住自己的左手腕,身体重心下降,双臂同时用力下压其右臂,同时头颈部向后背伸,并利用狭小空间的优势将对方控制在座椅外侧,以推颈转身压肩将对方控制,如图 6-1-11~图 6-1-14 所示。

图 6-1-11

图 6-1-12

图 6-1-13

图 6-1-14

动作视频 6-3:推颈压肩控制

技能训练

一、学员一对一喂靶练习

学员可在实训馆场地内或客舱过道内两人一组进行练习,一名学员为操作手,另一名学员为配手。教师下达指令后,配手一方上前欲使用拳法攻击操作手一方的头部,操作手按照要求首先使用某项防御技术进行防守,随即运用某项控制技术控制住对方。可多组同时进行练习,先分解后完整。

二、学员一对一反应练习

学员可在实训馆场地内或客舱过道内两人一组进行练习,一名学员为操作手,另一名学员为配手。教师下达指令后,配手一方上前欲随机使用任何拳法攻击操作手一方的头部,操作手一方首先要做出快速反应,迅速做出正确的判断并使用合理的防御技术进行防守,随即运用所学控制技术将对方控制住。可多组同时进行练习。

三、学员多对一反应训练

学员 5 人或 6 人为一组,在实训馆场地内进行练习,指定一名学员为操作手,其他学员为配手。操作手将眼睛闭上做跨立式提手戒备,配手学员围成圈将操作手围在中间,与操作手保持约 1.5 米距离,配手围着操作手顺时针或逆时针移动。教师随机下达指令后,配手开始移动,其中一名配手上前用手拍击操作手的胸肩部或背部,给对方一个信号,操作手迅速睁开眼睛根据拍击的部位做出正确的判断后转身面向该名配手,随即这名配手随机使用任何拳法攻

击操作手一方的头部,操作手迅速做出正确的判断并使用合理的防御技术进行防守后,顺势运用所学控制技术将对方控制住。每名配手进攻一次后,操作手与其中一名配手进行交换,依次循环进行练习,直至每名学员作为操作手练习完毕为一组。可多组同时进行练习。

6.1.2 "二对一"应对徒手攻击

一、对扰乱客舱秩序的行为处置方法一:头盔式防御加双手压颈别肩控制

在航空器飞行过程中,当扰乱客舱秩序人员因未达到自己所谓的某些合理诉求时,在客舱过道内与前侧安全员发生口角,并由推搡迅速演变成肢体对抗,对方在 1 米左右(近距离)的距离直接以拳法向前侧安全员头部袭击时,我方根本来不及判断对方使用的是何种拳法,因此应迅速以头盔式防御(抱头顶肘)技术进行防卫;后侧安全员相机双臂迅速从其腋下穿过,双手交叉压颈,左脚向后撤步使其身体失去重心并向后倒,随即身体左转,并以语言控制引导其按照要求操作;前侧安全员在后侧安全员向左转身的同时迅速上前从一侧抱住其双腿,两人合力将其带离至指定区域,随后以约束带将其控制在指定位置并实施监控,如图 6-1-15~图 6-1-20 所示。

动作视频 6-4:头盔式防御加双手压颈别肩控制

图 6-1-15

图 6-1-16

图 6-1-17

图 6-1-18

图 6-1-19

图 6-1-20

二、对扰乱客舱秩序的行为处置方法二:跳水式防御加压胸锁背控制

在航空器飞行过程中,当扰乱客舱秩序人员因未达到自己所谓的某些合理诉求,在客舱过道内与前侧安全员发生口角,并由推搡迅速演变成肢体对抗,对方在 1.5 米左右(中距离)的距离直接欲以拳法向前侧安全员头部袭击时,前侧安全员迅速以跳水式防御技术进行防卫;后侧安全员相机迅速以右手从其右侧颈部后侧前插,左手从其左腋下前插,左手抓握自己的右手腕,同时右手握拳,以拇指第二指节处按压在对方的胸骨剑突位置,双手握紧,双臂紧抱对方胸背部,同时向后下方发力速刺按压对方胸骨剑突,随后左脚向后撤步使其失去重心后倒,随即向左侧转身,并以语言控制令其配合按要求操作;前侧安全员在后侧安全员向左转身的同时迅速上前从一侧抱住其双腿,两人合力将其带离至指定区域,随后以约束带将其控制在指定位置并实施监控,如图 6-1-21~图 6-1-24 所示。

图 6-1-21

图 6-1-22

图 6-1-23

图 6-1-24

动作视频 6-5：跳水式防御加压胸锁背控制

三、对扰乱客舱秩序的行为处置方法三：360 防御加抱臂锁肘控制

在航空器飞行过程中，当扰乱客舱秩序人员因未达到自己所谓的某些合理诉求，在客舱过道内与前侧安全员发生口角，并迅速演变成肢体对抗，对方在 1.5 米左右（中距离）的距离直接欲以右摆拳向前侧安全员头部袭击时，前侧安全员迅速以 360 防御（左斜上格挡加右掌根推挡其下颚处）技术进行防卫；后侧安全员相机迅速上右步，双手由外向里由前向后搂抓其双臂，将其双臂背向其背部，右臂迅速从其背部搂抓其右肘关节，身体左转，左手随即搂抓其左侧颈肩部，并以语言控制引导其按要求操作；前侧安全员在后侧安全员向左转身的同时迅速上前从一侧抱住其双腿，两人合力将其带离至指定区域，随后以约束带将其控制在指定位置并实施监控，如图 6-1-25～图 6-1-29 所示。

图 6-1-25

图 6-1-26

图 6-1-27

图 6-1-28

图 6-1-29

动作视频 6-6：360 防御加抱臂锁肘控制

一、学员二对一喂靶练习

学员可在实训馆场地内或客舱过道内三人一组进行练习，两名学员为操作手，另一名学员为配手。教师下达指令后，配手一方上前欲使用拳法对正面的操作手进行攻击，前侧的操作

手按照要求首先使用某项防御技术进行防守,后侧的操作手随即上步使用某项技术将配手控制,前侧的操作手在防守后顺势上前使用技术同后侧的操作手一同将对方控制住后,两人合力将其带离至指定区域。实训馆场地内可多组同时进行练习,客舱内逐组进行练习,先分解后完整。

二、学员二对一反应对抗训练

学员可在实训馆场地内或客舱过道内三人一组进行练习,两名学员为操作手,另一名学员为配手。教师下达指令后,配手一方上前欲使用拳法无规律的对正面的操作手进行攻击,前侧的操作手迅速做出正确的判断使用适合的防御技术进行防守,后侧的操作手随即上步使用所学技术将配手控制,前侧的操作手在防守后顺势上前使用所学技术同后侧的操作手一同将对方控制住后,两人合力将其带离至指定区域。实训馆场地内可多组同时进行练习,客舱内逐组进行练习。

在整个练习过程中,配手一方一定要与操作手进行适度的对抗,以创造相对真实的对抗状态,不能像基础喂靶练习一样配合操作手进行练习。如果那样就成了单纯地为了学习基本技术而练习技术了,就脱离了实战对抗的状态,无法体验和感受在突发真实的暴力袭击事件时的体能、技能和心理抗压能力和随机应变能力。

6.2 应对客舱持械袭击的防卫与控制

航空安全员在执勤时遇到的最危险、最棘手的问题就是遭遇犯罪嫌疑人的持械攻击。徒手对刀械攻击的防御是非常危险甚至是致命的,我们很不提倡安全员在遭遇刀械袭击的时候进行徒手的防御,这几乎是一种非常愚蠢的自杀式行为。但在一些特殊的情况下,我们必须要面对这样一个现实,在没有随身携带执勤器械的情况下,或者是遭到突发性的暴力袭击时,安全员没有时间也没有机会去指定位置拿到执勤器械,只有靠双手去应付可能导致死亡的威胁,如果放手一搏,或许还有生的希望,但如果一心想着先去拿执勤器械,也许死亡之神便开始招手了。请记住:徒手防御很危险,但至少还有生的希望,还有解除威胁的可能,并尽可能使自己身体受到的伤害程度降到最低,如果不做任何防御或是根本不知道如何防御,那面对的只有被任人宰割的命运了。航空安全员不仅需要使用更好的方法来防止自己遭到刀械袭击而受到伤害,必要的时候,更需要对持刀械者进行控制,以解除他可能对客舱内其他人员,甚至航空器和整个机上人员的人身财产安全造成严重的威胁或伤害。这就需要我们深入学习和研究在防御与反击结束瞬间,如何将嫌疑人有效控制并解除其刀械,直到完全安全。这也是我们要介绍的重点。

6.2.1 "一对一"应对持械攻击

一、徒手"一对一"应对持械攻击的防卫与控制

(一)360防御(左斜上格挡右推击)加圈肘压颈别肩控制

当航空安全员被对方右手持握刀械以劈刺的方式向头颈部刺来时,应迅速以360防御左斜上格挡其右小臂,同时右手掌根短促发力迅速推击对方的下颚处,顺势以右上顶膝或前冲膝攻击对方的裆部;如果第一步的格挡防御加推击不能给对方造成重创的话,那这次顶膝足以使对方瞬间丧失反抗能力;之后应以左手由内向外、由下向上以顺时针方向圈抱住对方的右肘关节,右手快速按压在其颈部后侧,用力向下推按,同时可以右手拇指用力按压其下颌骨角,

身体重心向前下压,以狭小空间的优势将其控制在座椅一侧,随后右手抓其右小臂并别向其后背,顺势卸下其匕首,解除其威胁将其控制,如图 6-2-1～图 6-2-4 所示。

图 6-2-1

图 6-2-2

图 6-2-3

图 6-2-4

动作视频 6-7:360 防御（左斜上格挡右推击）加圈肘压颈别肩控制

（二）双手左斜上搧挡（格切）加抱臂压肘控制

当航空安全员被对方右手持握刀械以劈刺的方式向头颈部刺来时,应迅速向前上步以双手小臂瞬间短促发力向其右小臂处搧挡(格切),双手顺势由上向下掳抓其右臂至我右肋部,以右手抓握其右手腕,左臂抱住其右大臂,将其右肘关节抵于我方胸腹部,身体右转的同时以全身的力量瞬间向下猛压其右臂,以直臂压肘控制技术将其控制在座椅一侧,顺势卸下其匕首,解除其威胁将其控制,如图 6-2-5～图 6-2-10 所示。

动作视频 6-8:双手左斜上搧挡（格切）加抱臂压肘控制

图 6-2-5

图 6-2-6

图 6-2-7

图 6-2-8

图 6-2-9

图 6-2-10

（三）360 防御（左下格挡右推击）加拉肘别臂控制

当航空安全员被对方右手持握匕首由下向上向腹部挑刺时,应迅速以 360 防御左手左下格挡同时加右手掌根推击对方下颚处，右手继续以右立拳连续击打对方的胸口处，使其因下颚和胸窝处连续遭到重击后而失去反抗能力，左手迅速由内向外、由下向上以顺时针方向上穿至对方右肘关节上侧，右手抓其右肘关节，快速向右后方转身，左大臂与左小臂夹紧别其右臂，以拉肘别臂技术将对方控制在座椅一侧；右手顺势卸下其匕首，解除其威胁，如图 6-2-11～图 6-2-16 所示。

动作视频 6-9：360 防御（左下格挡右推击）加拉肘别臂控制

图 6-2-11

图 6-2-12

图 6-2-13

图 6-2-14

图 6-2-15

图 6-2-16

二、运用伸缩警棍"一对一"应对持械攻击的防卫与控制

（一）劈击加交叉别压控制

当航空安全员被对方右手持握匕首以劈刺的方式向头颈部刺来时，应右手持握警棍迅速向左斜上劈击对方持械手小臂处，将对方的匕首打掉，并顺势向右下方劈击对方右大臂外侧，随即将警棍从对方右臂内侧由前向后插入，左手迅速抓握棍端处，双手交叉向后下方别压对方右大臂将其控制，如图 6-2-17～图 6-2-20 所示。

图 6-2-17

图 6-2-18

图 6-2-19

图 6-2-20

动作视频 6-10：劈击加交叉别压控制

（二）下劈击加交叉锁压控制

当航空安全员被对方右手持握匕首由下向上向腹部挑刺或向胸前直刺时，应迅速向后微撤左步并向左转身的同时，右手持警棍向前下方快速用力击打对方持械手小臂处，将其匕首击打掉，随即将警棍从对方的右手腕内侧由内向外、由下向上顺时针交叉锁压对方右手腕并向后下方拽拉将对方控制，如图6-2-21～图6-2-24所示。

图 6-2-21

图 6-2-22

图 6-2-23

图 6-2-24

动作视频 6-11：下劈击加交叉锁压控制

技能训练

一、学员一对一喂靶练习

学员可在实训馆场地内或客舱过道内两人一组进行练习，一名学员为操作手，另一名学员为配手。教师下达指令后，配手一方上前欲使用刀械攻击操作手一方的头部或躯干部位，操作手按照要求首先使用徒手或伸缩警棍进行防御，随即运用某项徒手或警棍控制技术控制住对方。实训馆场地内可多组同时进行练习，客舱内逐组进行练习，先分解后完整。

二、学员一对一反应训练

学员可在实训馆场地内或客舱过道内两人一组进行练习，一名学员为操作手，另一名学员为配手。教师下达指令后，配手一方上前欲使用刀械随意攻击操作手一方的头部或躯干部位，操作手一方要快速反应，迅速做出正确的判断，使用适合的徒手或伸缩警棍技术进行防御，随即运用所学徒手或警棍控制技术控制住对方。实训馆场地内可多组同时进行练习，客舱内逐组进行练习。

6.2.2 "二对一"应对持械攻击

一、徒手"二对一"应对持械攻击的防卫与控制

（一）右正蹬腿加抱臂锁喉外掰折腕控制

当航空安全员被对方右手持握匕首以劈刺的方式向头颈部刺来时，应迅速以右正蹬腿向前阻击对方胸腹部，后侧安全员抓住时机在对方被蹬出后迅速突袭以右臂锁喉，左手向后搂抓并抱紧其左臂控制住对方，之后前侧安全员应快速上步突袭以双手由外向内抓住其右小臂，并

顺势以外掰折腕控制住其右臂,右手卸下其匕首,解除其威胁;随即后侧安全员以右手向后搂抓其右臂,将其双臂背向其背部,右臂迅速从其背部搂抓其左肘关节,左手随即以掌背部向左后卡住其右下颌将对方控制;之后应快速向左后和右后方环视观察有无对方其他同伙,并进行警戒,如图 6-2-25～图 6-2-28 所示。

图 6-2-25

图 6-2-26

图 6-2-27

图 6-2-28

动作视频 6-12:右正蹬腿加抱臂锁喉外掰折腕控制

(二)360 格挡推击加拉肘别臂压颈控制

当前侧安全员被对方右手持握匕首由下向上向腹部挑刺时,应迅速以 360 防御左下格挡加快速推击对方下颚处,随后以左拉肘别臂将其控制在座椅一侧;后侧安全员在对方被格挡推击的同时快速上步使用右拉肘别臂技术,并以左手压颈与前侧安全员合力将其控制在座椅一侧;前侧安全员随即以右手卸下其匕首,解除其威胁,并向左后和右后方环视观察有无对方其他同伙,如图 6-2-29～图 6-2-32 所示。

图 6-2-29

图 6-2-30

图 6-2-31

图 6-2-32

动作视频 6-13:360 格挡推击加拉肘别臂压颈控制

二、运用执勤器械"二对一"应对持械攻击的防卫与控制

(一)左劈击加交叉压颈别肩控制

当前侧安全员被对方右手持握匕首以劈刺的方式向头颈部刺来时,应右手持握警棍迅速向左斜上方击打对方持械手小臂处，将对方的匕首打掉，此时后侧安全员应迅速上步突袭以双手迅速从其腋下穿过并上穿至其颈部，以双手交叉压颈别肩，左脚向后撤步使其身体失去重心并向后倒将对方控制；前侧安全员迅速警戒并观察客舱内有无对方其他同伙，如图 6-2-33～图 6-2-36 所示。

图　6-2-33

图　6-2-34

图　6-2-35

图　6-2-36

动作视频 6-14：左劈击加交叉压颈别肩控制

（二）下劈击加压胸锁背控制

当前侧安全员被对方右手持握匕首由下向上向腹部挑刺或向胸前直刺时，应迅速向后微撤左步并向左转身；同时，右手持警棍向前下方快速用力击打对方持械手小臂处，将其匕首击打掉。此时，后侧安全员应快速上步突袭，以右手从其右侧颈部后侧前插，左手从其左腋下前插，左手抓握自己的右手腕，同时右手握拳，以拇指第二指关节处按压在对方的胸骨剑突位置，双手握紧，双臂紧抱对方胸背部，左脚向后撤步的同时向后下方发力速刺按压对方胸骨剑突处将对方控制；前侧安全员迅速警戒并观察客舱内有无对方其他同伙，如图 6-2-37～图 6-2-40 所示。

图　6-2-37

图　6-2-38

图　6-2-39

图　6-2-40

动作视频 6-15：下劈击加压胸锁背控制

一、学员二对一喂靶练习

学员可在实训馆场地内或客舱过道内三人一组进行练习，两名学员为操作手，另一名学员为配手。教师下达指令后,配手一方持刀械上前欲对正面的操作手进行攻击,前侧的操作手按照要求首先使用某项徒手或警棍技术进行正确的防御,后侧的操作手随即上步使用某项技术将配手控制,前侧的操作手在防守后顺势上前使用某项所学技术解除配手的刀械,同后侧的操作手一同将对方控制,或环视四周观察客舱内有无对方其他同伙。实训馆场地内可多组同时进行练习,客舱内逐组进行练习,先分解后完整。

二、学员二对一反应对抗训练

学员可在实训馆场地内或客舱过道内三人一组进行练习,两名学员为操作手,另一名学员为配手。教师下达指令后,配手一方持刀械上前欲对正面的操作手随意进行攻击,前侧的操作手要反应迅速,快速做出正确的判断,并使用所学徒手或警棍技术进行正确的防御,后侧的操作手随即上步运用所学技术将配手控制,前侧的操作手在防守后顺势上前使用某项所学技术解除配手的刀械,同后侧的操作手一同将对方控制,或环视四周观察客舱内有无对方其他同伙。实训馆场地内可多组同时进行练习,客舱内逐组进行练习。

拓展训练

航空安全员在实际的执勤过程中,较少遇到突发的严重暴力犯罪事件,相对很少用到在课堂所学的防卫与控制技能,因此,在实际的执勤对抗过程中很难充分发挥和熟练运用在课堂上所学的攻防技能。首先,是因为心理上的原因;其次,是现实的对抗与竞技对抗毕竟存在较大的差异,主要体现在对抗的人数、规则的限制和安全因素,以及对技术掌握的熟练程度方面等,特别是在有限的课时内让学员掌握较高水准的对抗技能是非常困难的,尤其是对毫无身体直接对抗项目基础的学员来说更是难上加难。因此,我们要在传统的训练方法基础上,尽量让技能训练贴近真实情境的实战对抗,符合执勤过程中可能出现的真实对抗情形,在高强度的身体负荷下将体能、技能和心理抗压能力融为一体进行训练。

这里我们在前面介绍的技能训练的基础上,进一步拓展介绍几种训练方式或方法,仅供参考。

一、徒手打靶训练

学员可在实训馆场地内或客舱过道内三人一组进行练习,一名学员为操作手,另外两名学员为配手。两名配手持大靶,操作手站在两名配手的中间,分别持靶于胸前位置。教师下达指令后,其中一名配手先持靶上前对操作手进行推击,操作手迅速以连续的蹬腿或踹腿将其踹开控制住距离并快速转身,另一侧的配手随即持靶上前对操作手进行攻击,操作手快速转身以拳法、肘法和膝法进行阻截攻击并将其推开以控制距离,并迅速转身观察另一侧配手的情况,操作手在练习过程中一定要注意步法的移动和快速转换,保持身体平衡。依次反复进行练习,操作手每组练习 40 秒至 1 分钟,组间间歇 20~40 秒,持续 4~6 组,之后操作手与其中一名配手进行交换练习。

二、徒手解脱与打靶训练

学员可在实训馆场地内或客舱过道内三人一组进行练习,一名学员为操作手,另外两名学员为配手。一名配手持大脚靶与胸前位置站在操作手正前方,另一名配手站在操作手身后。教师下达指令后,站在后侧的配手快速上前以抱臂、勒颈或各种抱腰技术将操作手进行控制,操作手快速反应实施解脱的同时,拿靶的配手快速上前欲拿脚靶攻击操作手,操作手迅速以蹬腿或蹬腿进行打靶以控制距离,并抓住时机再快速进行解脱,以此进行遇抗解脱和攻防练习。依次反复进行练习,操作手每组练习 40 秒至 1 分钟,组间间歇 20～40 秒,持续 4～6 组,之后操作手与其中一名配手进行交换练习。

三、徒手防御与打靶训练

学员可在实训馆场地内或客舱过道内三人一组进行练习,一名学员为操作手,另外两名学员为配手。一名配手持大脚靶于胸前位置,另一名配手一手持刀械,另一手持大脚靶,操作手站在两名配手的中间。教师下达指令后,持刀械和大脚靶的配手先上前以刀械对操作手进行攻击,操作手应快速做出准确的判断,以格挡防御或腿法远距离阻截,将攻击者的匕首击打掉或控制住较远的距离以确保自身的安全,并快速转身以应对另一侧即将攻击的配手,另一侧的配手随即持靶上前对操作手进行攻击,操作手迅速以拳、腿、肘、膝进行阻截攻击并将其推开以控制距离,并迅速转身观察另一侧配手的情况。依次反复进行练习,操作手每组练习 40 秒至 1 分钟,组间间歇 20～40 秒,持续 4～6 组,之后操作手与其中一名配手进行交换练习。

四、持警棍防御与打靶训练

学员可在实训馆场地内或客舱过道内三人一组进行练习,一名学员为操作手,另外两名学员为配手。一名配手持大脚靶于胸前位置,另一名配手一手持刀械,另一手持大脚靶,操作手持警棍站在两名配手的中间。教师下达指令后,持刀械的配手先上前以刀械对操作手进行攻击,操作手应快速做出准确的判断,迅速以警棍劈击持械方的手臂,随即以警棍戳击或推击大脚靶以控制住距离确保自身的安全,并快速转身以应对另一侧即将攻击的配手,另一侧的配手随即持靶上前对操作手进行攻击,操作手迅速以警棍劈击、戳击或推击大脚靶以阻截住配手的攻击以控制和保持安全距离,并迅速转身观察另一侧配手的情况。依次反复进行练习,操作手每组练习 40 秒至 1 分钟,组间间歇 20～40 秒,持续 4～6 组,之后操作手与其中一名配手进行交换练习。

6.3　民航客舱搜身与押解带离技术

民航客舱搜身与押解带离技术,是指航空安全员在航空器内对违法犯罪分子或犯罪嫌疑人的人身依法进行搜索、检查并带离至指定区域或配合公安机关进行押解带离的行动过程。

6.3.1　搜身技术

一、了解搜身的基本要求

(1) 搜身必须在对方已被我方控制、失去反抗能力的前提下进行。
(2) 搜身时要先搜对方的主要部位(腰部、腋下等),然后按照先上后下,先外后内的顺序进行。
(3) 搜身时一般要求用手挤压、触摸翻动,不可轻拍轻摸。
(4) 搜身时必须分工明确,站位合理,加强警戒。
(5) 如果是对多人搜身,要按先主后次的顺序进行。
(6) 搜身时必须认真彻底,不留隐患。
(7) 搜身时的口令必须准确、清楚,语气坚定。

二、掌握搜身的重点部位

一般情况下容易隐藏凶器的部位如下。
(1) 头部:头上戴的帽子里或头发内可能藏有小刀、刀片、细钢丝等凶器。

(2) 口内：犯罪嫌疑人的嘴里或衣领口里面可能藏有刀片等凶器。

(3) 颈部、前胸、后背部：可能藏有用项链挂起的小刀。

(4) 手腕部：手心及手指缝间或手腕上戴的护腕里可能藏有小刀、绳子等凶器。

(5) 腋下：可能隐藏有凶器。

(6) 腰部：可能携带凶器和武器。

(7) 裆部：可能藏有凶器。

(8) 四肢：四肢的衣服内、包括手套和袜子内可能藏有凶器或武器。

(9) 腰带：腰带内侧可能藏有刀片。

(10) 衣服：衣兜衣缝、裤兜裤缝里可能藏有各种凶器。

(11) 鞋子：鞋子内部或鞋底凹形处可能藏有凶器。

三、搜身的常用手法

(1) 抚摸法：用手掌贴在衣服上缓慢移动，用掌心感觉所能触及的异状物体。

(2) 挤压法：用手掌不时用力按压的同时用手指相互捏、挤、抓、掐。

(3) 翻撩法：将被搜查的衣服翻撩开（裤腿、衣服下摆部）进行检查。

(4) 掏取法：将藏在衣袋里的凶器及武器搜查出来。

(5) 脱解法：将被搜查者的鞋、帽、衣、裤等脱掉、解开，进行搜查。

(6) 拽拉法：用手将其衣、裤拉起或向一侧拉动，使其另一侧衣服能紧贴皮肤，以便观察、判断是否藏有凶器、武器等危险物品的搜身方法。此方法多用于对女性犯罪嫌疑人的搜身。

四、搜身的形式

(1) 站立式搜身：也称快速搜身，是航空安全员在客舱内对一般犯罪嫌疑人搜身时所采取的方法。

(2) 卧地式搜身：是航空安全员对在客舱内高度危险或暴力犯罪嫌疑人采取的搜身方法，目的是找寻隐藏在犯罪嫌疑人身上的凶器、武器及违法犯罪证据。搜身时，安全员要分工明确，一般采取一人搜身、其他人员警戒的方式。

技能训练

一、学员一对一配合练习

学员可在实训馆场地内两人一组进行练习，一名学员为操作手，另一名学员为配手。教师下达指令后，操作手严格按照搜身的基本要求进行练习，运用6种搜身方法将11个重点部位按顺序依次进行搜身，搜身过程中并以语言引导配手进行配合，变换3种形式进行练习。两名学员互相交换进行练习。实训馆场地内可多组同时进行练习。

二、学员二对一配合练习

在一对一配合训练的基础上，一名操作手对配手进行搜身的过程中，另一名操作手徒手或持警棍配合警戒。三名学员互相交换进行练习。实训馆场地内可多组同时进行练习。

6.3.2　押解带离技术

一、押解带离的基本要求

(1) 如果是单人押解带离时，务必在带离对象的侧后方，切忌并行或在对象的前方。

（2）如果押解带离人员在两人以上，需要分别位于带离对象的左右两侧，或一前一后。

（3）押解带离时，要随时观察、了解带离对象的思想、情绪变化，防止带离对象与熟人接触或以暗语示意，防止发生其在途中逃脱、自杀等事故。

（4）押解带离女犯罪嫌疑人时必须有女民警或女安全员或机组人员参加。

二、徒手押解带离技术

（1）别臂折腕带离（图 6-3-1 和图 6-3-2）。

图　6-3-1

图　6-3-2

（2）拉肘别臂带离（图 6-3-3 和图 6-3-4）。

图　6-3-3

图　6-3-4

（3）夹肘折腕带离（图 6-3-5）。

（4）抱臂锁喉带离（图 6-3-6）。

图　6-3-5

图　6-3-6

（5）别臂锁肘带离（图 6-3-7 和图 6-3-8）。

图　6-3-7

图　6-3-8

三、铐后押解带离技术

(1) 折腕抓肘带离(图6-3-9)。
(2) 别臂带离(图6-3-10)。
(3) 抓腕压肩带离(图6-3-11)。

图 6-3-9　　　　　　　　图 6-3-10　　　　　　　　图 6-3-11

四、利用警棍的押解带离技术

(1) 由前别臂带离(图6-3-12)。
(2) 由后别臂带离(图6-3-13)。

图 6-3-12　　　　　　　　　　图 6-3-13

一、学员一对一配合练习

学员可在实训馆场地内两人一组进行练习,一名学员为操作手,另一名学员为配手。在配手被操作手完全控制,失去反抗能力的情况下,教师下达指令后,操作手严格按照押解带离的基本要求进行练习,依次使用徒手押解带离、铐后押解带离和警棍押解带离技术从指定位置将配手学员押解带离至另一指定区域或位置,每项技术可选择适合自己的技术方法进行练习。两名学员互相交换进行练习。实训馆场地内可多组同时进行练习。

二、学员二对一配合练习

学员可在实训馆场地内三人一组进行练习,两名学员为操作手,另一名学员为配手。在配手被操作手完全控制,失去反抗能力的情况下,教师下达指令后,两名操作手严格按照押解带离的基本要求进行练习,依次使用徒手押解带离、铐后押解带离和警棍押解带离技术从指定位置将配手学员押解带离至另一指定区域或位置,每项技术可选择适合自己的技术方法进行练习。两名操作手可一名徒手、一名使用警棍技术进行押解带离,三名学员互相交换进行练习。实训馆场地内可多组同时进行练习。在二对一配合训练时,可以两人同时使用徒手控制技术进行押解带离,在对配手进行背铐的情况下也可以一人使用徒手控制技术,另一人警戒押解带离。三名学员互相交换进行练习。实训馆场地内可多组同时进行练习。

6.4　项目综合实训

一、训练目标

（1）熟练掌握应对客舱徒手攻击和持械袭击的防卫与控制技术，以及搜身与押解带离技术。

（2）通过训练进一步强化学员应对客舱突发事件的综合技能的实战运用。

（3）锻炼和培养学员忠诚勇敢、机智果断、坚韧刚毅的意志品质和应对客舱突发事件的体能、技能和心理承受能力。

二、综合实训任务描述

通过设定航空器在飞行过程中出现的一般扰乱行为和非法干扰行为的情境模拟，处置过程中事件随时有可能升级，小组成员分别担任不同的角色，进行角色互换综合实训，进一步增强航空安全员在遇到客舱突发事件时处乱不惊、头脑清晰、反应敏捷的快速应变能力，并依据所学客舱防卫与控制技术、押解带离技术，依法安全快速合理有效的按照程序进行处置。主要锻炼学员临战快速反应和随机应变能力，以及技战术的综合运用能力。

三、实施方法与步骤

综合实训主要采取任务导向和互动教学法，以教师为主导、学生为主体，分小组进行练习，学生轮流担任航空安全员的角色，将阶段化的学习训练成果结合客舱情境模拟进行实战演练，以此提高学员的技能掌握和技战术配合的小组处置能力。

情境模拟要以实际案例为背景，通过角色互换，使学员体验不同角色的心理变化以及技战术运用的随机转换能力。

四、注意事项

综合实训过程中要注意客舱情境的设置要符合客舱工作实际，技术运用要注意适度和安全，相关实训防护器材装备要齐备和有效，并提前做好相关检查核验工作。

任务评价

本模块项目进行过程化、阶段性任务考核评价，针对项目中的不同任务逐一进行技术考核，并结合项目情境进行模拟综合实训，锻炼和提高学员在遇到客舱突发事件时，能够处乱不惊、因势利导、团队协作、勇敢顽强，依据所学客舱防卫与控制技术、押解带离技术，随机应变，依法快速安全合理有效的按照程序进行处置。相关考核评价标准参照表3-1、表3-2。

思考题：

（1）航空安全员在执勤过程中突遇持械袭击时应如何应对？

（2）航空安全员在对犯罪嫌疑人实施搜身时应掌握哪些基本原则？

（3）作为一名航空安全员如何在确保自身安全的前提下，对犯罪嫌疑人实施搜身带离？

参 考 文 献

[1] 何杏娜,尹伟.安保防卫术[M].北京：高等教育出版社,2013.
[2] 朱瑞琪.武术散打技术理论与裁判[M].北京：人民体育出版社,2015.
[3] 马学智.跟专家练散手[M].北京：北京体育大学出版社,2000.
[4] 陈超.陈超散打提高教程[M].北京：北京体育大学出版社,2004.
[5] 郑孙勇.现代警察防卫技能[M].北京：中国人民公安大学出版社,2014.
[6] 张银福,陈坚.警察防卫与控制[M].北京：中国人民公安大学出版社,2019.
[7] 崔同庆.特警格斗术实战运用[M].北京：中国人民公安大学出版社,2017.
[8] 张君周.空中警察客舱执法规范[M].北京：中国人民公安大学出版社,2012.
[9] 石子坚.警棍实战应用训练教程[M].北京：中国人民公安大学出版社,2012.
[10] 上海公安高等专科学校.警察徒手防卫与控制初级课程教学训练研究[M].北京：中国人民公安大学出版社,2015.
[11] 公安部政治部.公安民警警械武器使用训练教程(试行)[M].北京：中国人民公安大学出版社,2011.
[12] 郑卫民.擒拿格斗[M].北京：中国人民公安大学出版社,2009.
[13] 现代警察的防卫与控制[M].北京：中国人民公安大学出版社,2008.
[14] 陈小暾.防卫与控制技术优化与实践[M].德宏：德宏民族出版社,2017.
[15] 司昌军.民航客舱防卫与控制[M].北京：中国民航出版社,2018.
[16] 周登嵩.学校体育学[M].北京：人民体育出版社,2018.
[17] 田麦久.运动训练学[M].北京：人民体育出版社,2004.
[18] 尤旭.客舱防卫与控制技战术[M].成都：西南交通大学出版社,2012.
[19] 尹军,袁守龙.身体运动功能训练[M].北京：高等教育出版社,2015.
[20] 陈安日.警察压点控制的初步研究[J].湖北警官学院学报,2013(8).
[21] 朱庆宾.对消极抵抗者的低伤害控制技巧[J].公安教育,2016(1).
[22] 郭厚鹏.压点控制技术在处置消极抗法者中的应用研究[J].体育世界,2018(3).